Avoir le temps

Pascal Chabot

Avoir le temps

Essai de chronosophie

Du même auteur

Traité des libres qualités, Paris, Puf, 2019.

L'homme qui voulait acheter le langage, Paris, Puf, 2018.

Exister, Résister. Ce qui dépend de nous, Paris, Puf, 2017.

ChatBot le Robot, Paris, Puf, 2016.

L'Âge des transitions, Paris, Puf, 2015.

Global burn-out, Paris, Puf, « Perspectives critiques », 2013 (« Quadrige », 2017).

Les Sept Stades de la philosophie, Paris, Puf, « Perspectives critiques », 2011.

Après le progrès, Paris, Puf, « Travaux pratiques », 2008.

La Philosophie de Simondon, Paris, Vrin, 2003.

Films

Burning-out. Dans le ventre de l'hôpital, réalisation Jérôme le Maire, AT-Doc en coproduction avec Zadig Productions et Louise Productions, 2017.

Simondon du désert, réalisation François Lagarde, Hors-Œil Éditions, 2012.

De
© Pres978-2-13-082534-0
170 bis, b re édition : 2021, février
res de France/Humensis
ntparnasse, 75014 Paris

Pascal Chabot

Avoir le temps

Essai de chronosophie

puf

Du même auteur

Traité des libres qualités, Paris, Puf, 2019.
L'homme qui voulait acheter le langage, Paris, Puf, 2018.
Exister, Résister. Ce qui dépend de nous, Paris, Puf, 2017.
ChatBot le Robot, Paris, Puf, 2016.
L'Âge des transitions, Paris, Puf, 2015.
Global burn-out, Paris, Puf, « Perspectives critiques », 2013 (« Quadrige », 2017).
Les Sept Stades de la philosophie, Paris, Puf, « Perspectives critiques », 2011.
Après le progrès, Paris, Puf, « Travaux pratiques », 2008.
La Philosophie de Simondon, Paris, Vrin, 2003.

Films

Burning-out. Dans le ventre de l'hôpital, réalisation Jérôme le Maire, AT-Doc en coproduction avec Zadig Productions et Louise Productions, 2017.
Simondon du désert, réalisation François Lagarde, Hors-Œil Éditions, 2012.

ISBN 978-2-13-082534-0

Dépôt légal – 1re édition : 2021, février

170 bis, boulevard du Montparnasse, 75014 Paris

À Geoffroy De Ligne

Nous errons dans des temps qui ne sont pas les nôtres

Blaise Pascal

I

Avoir le temps

MANQUER DE TEMPS

Nous n'avons plus le temps. Nous sommes, sur cette planète, des centaines de millions dans ce cas, qui répétons plusieurs fois par jour : « Je suis désolé, je n'ai pas le temps. » On aurait voulu écouter mieux ce qu'autrui nous disait, s'asseoir, creuser le sujet. On aurait désiré ne pas s'agacer ni abréger la discussion, et aussi répondre posément au téléphone, et ne pas simplement écrire : « Pas possible, navré », à une demande importante. On aurait voulu s'attarder avec cet enfant singulier qui nous posait une question. Et peut-être lire calmement ce volume sur les manières de vivre à bord d'une station spatiale. Ou encore paresser un peu plus longuement le matin, pour écouter les bruits de la nature à l'heure où les bourgeons éclosent.

Mais voilà, pas le temps pour ceci ni pour cela. On oppose au réel un même régime pressé. On marche un peu plus vite, on parle un peu plus fort. On travaille du matin au soir. On regarde droit devant, obligeant ceux qui veulent nous interpeller à accélérer le pas, nous hâtant nous-même pour rejoindre d'autres personnes. Nous sommes ainsi des cohortes, lancées sur les voies rapides de la vie, parties à l'assaut de l'avenir, que des idées d'obligation, de projet, de crédit, de jours meilleurs et de vacances prochaines, éperonnent comme si nous en étions les destriers. Les *to do lists* sont nos tonneaux des Danaïdes, qui se remplissent à peine biffées. Dans les registres oubliés des boîtes de messagerie, de petits drapeaux coupables signalent que les devoirs n'ont pas été remplis. Parfois, tous ces manquements donnent le vertige. Car ce qui est *fait* s'oublie vite, ayant trouvé sa place dans un passé avalisé, tandis que ce qui *reste à faire* s'impose, impérieux, comme un défi pour demain. Tu seras à la hauteur ! Et tu seras à l'heure !

Effectivement, le monde est à l'heure. Le respect des engagements est une politesse sociale élémentaire. Et la tâche de chaque jour s'accomplit, non sans fierté. Ce n'est pas parce que l'on se hâte que l'on bâcle. Le respect des cadences, tout coercitif qu'il soit, n'empêche pas que l'on puisse mener à bien le travail entamé, ni honorer ses obligations. Il a fallu courir, foncer même, manger à peine, mais au bout du jour le compte y est. *On a fait ses heures*, comme le dit l'expression profonde, heures qui ont accouché d'un résultat satisfaisant. Ce n'est pas toujours le *burn-out*, cette douleur du faire impossible. Dans la majorité des cas, le faire est possible, et d'ailleurs on en vient à bout : le résultat est là.

Mais demeure cette petite voix qu'il faut écouter mieux : « J'ai l'impression de ne pas *avoir* le temps. » C'est dit comme cela, entre deux cadences, entre la dernière session sur Zoom et la préparation du dîner, en quittant un chantier ou dans l'embouteillage qui sépare deux réunions. Ou encore à propos d'une personne que l'on aimerait voir, d'un livre que l'on regrette de n'avoir pas entamé. « J'aurais aimé, mais je n'ai pas le temps… ». Que dit cette excuse, derrière laquelle le moi s'abrite ? Elle dit que le sujet se dédouane en incriminant le temps manquant. Ce n'est pas moi, semble-t-il dire, c'est le temps que je n'ai pas. Or bien sûr, cette excuse est parfois trop facile. Elle peut même apparaître de mauvaise foi. Car après tout, ce n'est pas le temps qui décide que l'on ne peut voir un ami, c'est plutôt l'amitié qui ne s'impose pas suffisamment, la personne qui ne fait pas le choix de cultiver en priorité une relation. On est libre, et le temps n'y change rien. Lui faire endosser toute la responsabilité de nos attitudes est trop facile. Si je n'ai pas lu ce livre, ce n'est pas parce que je n'ai pas le temps, c'est plus justement parce que j'ai choisi d'en privilégier d'autres. Le problème, alors, ne serait-il qu'individuel ? N'est-ce qu'une question de choix ?

L'ÉTRANGE DÉPOSSESSION

Le temps est la chose la plus essentielle que chacun possède en propre et dont il peut, en théorie, faire ce qu'il veut. Vivre n'est rien d'autre que d'avoir du temps. Mais ce bien précieux a deux destins courants. D'abord, il est pris par la société, accaparé par le travail et par des structures qui nous dépassent. Ensuite, et c'est le deuxième destin qui dépend davantage de chacun, ce temps, nous le dépensons largement, sans compter. Nous en sommes prodigues, nous donnons des heures et des jours à autrui ou à certaines activités futiles, sans toujours nous rendre compte que les minutes ne passent qu'une fois. Sérieux et même maniaque pour tant de détails, l'individu traite souvent son temps avec une belle insouciance. Lui qui hésite parfois à donner quelques euros se montre d'une générosité étonnante dans ses dépenses temporelles. La vérité est pourtant que le budget de jours dont chacun dispose n'est pas extensible, d'autant qu'il est impossible d'en connaître à l'avance le terme. Mais nous vivons comme des immortels, donnant des mois, parfois des années, à des choses ou des relations qui ne méritent pas toujours une telle prodigalité.

Cette légèreté de cigale a toutefois un charme profond ; sans elle, la vie virerait vite à la gravité. Elle deviendrait sourcilleuse sur la dépense, renâclant à allonger quelques minutes supplémentaires. Mais à quoi bon, puisque les secondes fuient, qu'on le veuille ou non ? Les cigales du temps ont leurs raisons : elles profitent de l'été car elles savent que la belle saison a une fin, et plutôt que d'en répéter la leçon mélancolique, qui est sue par tous, elles dansent et boivent et chantent. L'automne, quoi qu'il arrive, viendra bien assez vite. L'insouciance, en l'occurrence, est peut-être sagesse. Elle est en tout cas le désir de ne pas se gâter par avance l'existence, en convoquant trop tôt une mélancolie qui amplifiera sur le tard. Pour cette raison, ni le sérieux ni la gravité ne sont des remèdes universels à la question du temps. Les frivoles, qui ne le sont parfois que de façade, sont peut-être les plus philosophes.

Mais tout change lorsque l'on s'entend répéter souvent : « Je n'ai pas le temps », et que ces mots deviennent une plainte, voire le sujet d'une révolte. Là, le sérieux s'impose. La cigale ne chante plus, et peut-être même se rebelle-t-elle de n'avoir plus l'occasion d'être joliment négligente. Il faut compter, travailler, s'appliquer, toujours agir, et même alors, le temps lui manque. Non seulement elle ne le dépense pas dispendieusement, mais encore doit-elle constater qu'elle n'en a presque plus. Où est-il passé, alors ? Car du temps, chacun en a chaque jour autant qu'un autre. Une journée compte universellement vingt-quatre heures. Où est alors ce temps ? Où s'envolent les minutes et les heures de ceux qui déplorent la pénurie et, au contraire de Proust, vivent dans la perte du temps recherché ? Les raisons psychologiques, les choix et les habiletés d'organisation peuvent en partie expliquer cette fuite dont elles désespèrent, mais en partie seulement car on entend aussi des gens très scrupuleux et ordonnés le prononcer, ce constat : « Je n'ai pas le temps » ! Que signifie ce paradoxe ? En effet, il est paradoxal de se plaindre de manquer de quelque chose que l'on a. S'ils n'avaient pas le temps, *stricto sensu*, ces gens-là seraient morts. Or ils vivent, et pourtant ils affirment manquer de ce qui est la condition de leur existence ! De quoi, alors, se plaignent-ils exactement ? De quoi leur déploration est-elle le symptôme ? Comment expliquer cette contradiction ?

En vérité, elle est le signe que leur temps ne leur appartient pas. Ces heures et ces jours qui devraient être à eux parce qu'ils sont consubstantiels à leur existence, leur sont comme subtilisés. Par ce constat de n'avoir pas le temps, l'individu introduit une scission dans sa vie, une scission fondamentale qui fait la différence entre un temps qui n'est pas à lui (alors qu'il est le temps de son existence), et un temps dont il rêve, qui pourrait être sien. Si ce temps n'est pas à lui, c'est que ce temps est accaparé, que ce soit par une structure ou par d'autres individus. Son problème est précisément qu'*on* s'est emparé de son temps, et donc de sa vie. Tout son temps, déplore-t-il, est du temps *programmé*, du temps socialement transformé. Et le temps dont il rêve, délié et libre, rimerait avec une solitude fantasmée. Mais celle-ci semble trop souvent impossible, d'où sa colère quand on lui objecte que tout cela n'est qu'une question psychologique de choix et de priorité. L'objection est inaudible, tant l'individu sent combien des obligations professionnelles, familiales et sociales se sont immiscées dans sa temporalité jusqu'à en régler les détails. Il éprouve que le temps *programmé* dans lequel il vit n'a pas été organisé par lui, et que sa vie entière est réglée par des contraintes, des volontés, des intentions qui ne sont pas les siennes.

Ainsi, sous ses airs de constat dépité, le célèbre « je n'ai pas le temps » trahit une dépossession, suivie parfois d'une volonté de rentrer dans son droit. Rien ne semble plus juste que de disposer de son temps, puisque ce n'est que cela, vivre : avoir du temps. Or rien n'est si commun que d'en manquer, de le donner ou d'en être dépouillé, même sans intention malfaisante… Pourtant le résultat est là : mon seul bien devient aliéné.

Cette prise de conscience provoque un puissant déniaisement. On croyait naïvement le temps distribué à chacun de manière impartiale ; on le jugeait indifférent depuis son intouchable neutralité métaphysique – car quoi de plus neutre que le Temps, quoi de plus insensible aux affaires humaines que ce mystère cosmique ? Et l'on comprend plutôt que cette indifférence n'est que physique et métaphysique, alors que, concrètement, le temps fait l'objet d'une âpre lutte, allant jusqu'au vol. Cette lucidité nouvelle change tout ! On ne peut plus se retrancher derrière le fatalisme poétique qui admet, impuissant, la loi universelle selon laquelle le temps a toujours soif. Car il semble bien que ce soit l'autre, parfois, qui ait soif de mon temps. Au lieu de l'implorant « Oh temps, suspens ton vol », il conviendrait plutôt, sous le mode de la réclamation, que l'on suspende le vol du temps ! Car ce n'est pour certains que rapine, larcin, et en définitive, il ne reste rien... Alors qu'il y avait tant et tant de temps... Étrange avoir, qui est aussi de l'être.

UN PROBLÈME DE QUALITÉ

Le temps a mille visages. Il est partout, et toujours changeant. Il est le passé et le futur, le présent et le devenir. Il est un mystère défiant notre compréhension, une étrangeté qui englobe la vie comme la mort. C'est le plus vaste des sujets, qui met notre langage à rude épreuve, puisque jamais les mots ne paraissent si maladroits que lorsqu'ils doivent caractériser ce milieu omni-englobant en lequel l'être tout entier prend place, apparaît et disparaît, conservant une identité malgré sa constante variabilité. Le temps est à jamais le tremplin vers la métaphysique.

Il est aussi très concret, très quotidien, et c'est par là que l'on a choisi de commencer. Ainsi de cette personne qui se plaint de manquer de temps, et chez qui l'on a cru déceler un conflit entre son temps à elle et le temps qui, en elle, est programmé par la société. Mais ce diagnostic nous aide-t-il à bien poser le problème ? Il est des diagnostics qui, sans être faux, laissent les patients désemparés. Ils en savent davantage sur leur mal, mais soit qu'aucune thérapeutique n'existe, soit qu'on leur apprenne que ce qu'ils ont, en réalité, est le propre de la condition humaine, ils doivent se résigner. Avoir identifié de quoi ils souffrent ne change rien à leur vie. Leur lucidité nouvelle n'est suivie d'aucun effet et ne les aide pas à y voir clair.

N'est-ce pas le cas ici ? Le premier diagnostic posé semble établir que le problème des *achrones* est que leur temps manquant est en réalité un temps subtilisé par la société. Ce n'est pas faux, mais où cela peut-il mener, de se rendre compte que vivre en société impose de contracter de multiples obligations ? On est toujours engagé çà et là, lié aux proches, contraint par un métier, des activités ou des engagements. Si toutes ces relations sont responsables du fait que l'individu se sente dépouillé du temps qu'il a, alors des scénarios de rupture doivent être envisagés. En faisant le vide, en simplifiant, en cassant même des alliances, il en retrouvera vite, du temps, et même des masses considérables. Mais saura-t-il qu'en faire ?

Pour certains, la rupture avec la société est une thérapeutique salutaire. C'est en se recentrant qu'ils parviennent à trouver un rythme soutenable. Pour d'autres, quitter un métier ou s'absenter d'un foyer est une idée aussi impensable que désagréable. Et quoiqu'ils manquent en permanence de temps, ils aiment se sentir occupés, voire dépassés. Cette frénésie qu'ils incriminent non sans une certaine fierté leur est essentielle.

Opposer l'individu et la société de manière ainsi rousseauiste ne semble donc pas la voie. On a là trop de victimologie, trop de déresponsabilisation à bon compte. L'individu aurait le temps, c'est la société qui le lui vole : ce n'est pas toujours faux, mais c'est trop abstrait, car ce vol du temps, souvent consenti, appartient à un réseau extrêmement dense d'échanges et de contreparties qui lient les deux entités. Certaines sont indissolubles, d'autres économiquement nécessaires, d'autres encore essentielles et désirables. Régler le problème par la fuite ne peut donc être une solution universelle, même si elle a de tout temps inspiré des destinées, des retraites, des robinsonnades.

Il nous faut donc une autre hypothèse pour expliquer le paradoxe qu'une personne *a du temps* (puisqu'elle est en vie), mais qu'elle *manque de temps* et s'en plaint. Au sein de son temps, il y a bien une scission, c'est certain, qui explique le paradoxe qu'à la fois elle *ait* et elle *n'ait pas*, ce que, fondamentalement, elle *a*. Une telle scission ne peut être simplement considérée comme une opposition entre le temps de l'individu et le temps de la société. Il y a un autre clivage.

Certes, on peut avoir du temps en quantité, mais de piètre qualité. La clé du rapport au temps, c'est qu'il peut se dire et se vivre de deux manières, suivant la quantité et la qualité. Ce sont deux perspectives très différentes, qui parfois se rejoignent car il faut avoir au moins une quantité de temps pour qu'il soit de qualité, et parfois se séparent. Le paradoxe de ne pas avoir ce que l'on a par ailleurs, se laisse ainsi expliquer. Celui qui se plaint de ne pas avoir de temps, déplore en réalité manquer de temps *de qualité*.

Mais un nouveau problème s'annonce. Car qu'est-ce qu'un temps de qualité ? Comment le caractériser ? Comment faire droit à la multiplicité des appréciations subjectives sans rester au niveau de l'opinion capable de tout sanctifier, mais en allant vers les couches de fond, où la qualité de temps peut se révéler universelle ? Tel est le défi qui nous attend, en écho au concept théorisé dans le *Traité des libres qualités*, et sous un angle ici plus concret et plus existentiel. Je suis persuadé que la qualité est l'affaire du siècle et qu'une méditation approfondie sur ce qu'elle signifie peut ouvrir la voie à des pratiques plus justes, notamment dans le triangle écologie/économie/technologie. Comme qualité de vie et qualité de vie au travail, elle est un enjeu politique : sans doute la plus centrale des revendications, au service de laquelle doivent se mettre les pouvoirs et les moyens.

C'est dans le sillage de ce travail que s'inscrit la présente réflexion avec la notion de qualité de temps. Il faudra chercher à lui donner une consistance, il faudra façonner certains marqueurs qui permettent de la repérer. Mais il faudra aussi l'inscrire dans une histoire, dont on remarquera bien vite qu'elle peut se lire comme *l'histoire de la quantification du temps*. Depuis les antiques clepsydres jusqu'aux horloges atomiques, le projet d'une maîtrise du temps par sa mesure précise n'a fait que s'affiner. Elle est aujourd'hui la base de toute notre architecture sociale, de notre logistique comme de nos mentalités. Des milliards d'horloges sur la planète, synchronisées, affichées sur les écrans et régissant les microprocesseurs, dictent au monde son cours, organisent l'économie, les médias et la vie courante. La quantité de temps, c'est l'arithmétique élémentaire de l'existence. On verra comment les idéologies du Destin, du Progrès puis aujourd'hui de l'Hypertemps et du Délai ont interprété la notion. Néanmoins, une chose est d'emblée sûre : le temps n'a jamais été autant présent *en quantité*, mais sa *qualité* n'a jamais été aussi problématique.

LES GIGA-SABLIERS EXISTENTIELS

Un bateau empli de sable, voilà parfois l'image qui me vient lorsque je pense au temps qui me reste. Les jours optimistes, j'imagine une vaste péniche, de celles que l'on utilise pour acheminer les minerais vers les ports. Les jours de méforme, s'impose l'idée d'une embarcation plus modeste à la contenance réduite. Variant au gré des humeurs, le gabarit de la benne flottante où s'entasse mon futur est impossible à déterminer. Ce n'est que rétrospectivement que l'on pourra dire sa taille réelle. La vraie limite de la connaissance, c'est l'avenir. Pour l'heure, regardant les péniches descendre impassibles le fleuve, je m'amuse à des supputations que je sais vaines. Je jauge leur volume, j'imagine les tonnes de sable qu'elles pourraient contenir. Parfois, l'une de ces puissantes machines me plaît particulièrement en raison de ses proportions et de sa couleur. Je l'élis alors comme le symbole chiffré des années qui me sont réservées, et je m'imagine jouant dans cet immense bac à sable, dont les grains fuient cependant en silence par un petit trou dans la coque connu de moi seul.

Ces divagations sont nées de calculs sur la contenance d'un sablier. Dans un petit modèle, 3,9 grammes passent par minute d'un vase à l'autre. Un sablier qui permet de compter une heure voit s'écouler 234 grammes de sable ; si l'objet existait pour mesurer vingt-quatre heures, il verrait tomber 5 kilos et 616 grammes. Poursuivant ces multiplications jusqu'à atteindre un mois, puis un an, puis plusieurs dizaines d'années, j'en viens à calculer le poids colossal de sable que devrait renfermer le fantasmatique gigasablier existentiel qui s'accorderait à mon espérance de vie. Soyons précis, sans état d'âme : ayant passé les quarante-sept ans à l'heure où j'écris ces lignes, au tout début du confinement imposé pour contrer le Covid-19 (18 mars 2020), cet étrange instrument verrait encore passer 88 143 kilos de sable s'il me restait 43 ans à vivre, et 49 196 kilos s'il devait s'agir de 24 années. Soit respectivement 60 et 32 mètres cubes. D'où le bateau et ses différents gabarits.

Est-ce cela, avoir le temps ? Et est-ce un procédé intellectuellement probant, que d'agrandir par l'imagination le petit instrument qui indique la cuisson des œufs à la coque jusqu'à lui faire mesurer le temps de cuisson du restant d'une vie, si l'on peut dire ? Nous fait-il pénétrer dans les arcanes du temps ? Au moins a-t-il le mérite de rendre très concrètes les grandes quantités. La péniche reste immense et la dune, bien lourde. Lorsque ses proportions sont ainsi augmentées, le sablier perd sa connexion mélancolique avec le monde déprimant des symboles terminaux, tels la faux, le crâne ou la bougie éteinte, pour témoigner plutôt de l'abondance de ce qui reste à brasser. Quatre-vingt-huit tonnes, c'est colossal. Dürer, Verlaine et la grande cohorte des artistes saturniens auraient peut-être moins pleuré s'ils avaient choisi des instruments d'un gabarit plus optimiste. Suscitées par les sabliers vite épuisés de leurs cabinets d'étude, leurs lamentations se seraient tues devant les tonnages effarants de dispositifs correctement *mis à l'échelle*.

La quantité est grande maîtresse de sagesse relativiste. Certes, je parle du milieu de la vie, ou du moins de ses alentours. J'aurais peut-être l'air moins bravache s'il ne me restait qu'une petite barque de temps, ou un maigre tas de sable et de jours, tellement léger que le vent pourrait suffire à en assurer la lévitation. Mais chaque âge a sa philosophie, chaque pensée exprime la chronobiologie dont elle émane. Et surtout, soyons fraternels envers les prédécesseurs comme envers ceux qui débutent. Les enfants, richement dotés, disposent d'embarcations tellement vastes, que leur imagination se perd à en entrevoir les confins. Rien n'est ainsi plus relatif qu'avoir le temps. Et, bien sûr, les chiffres donnés ici ne sont que des approximations, des probabilités issues de moyennes. Inconnaissable par nature, le temps que l'on a encore est de l'ordre de l'espérance de vie, laquelle n'est peut-être qu'une façon d'exprimer positivement l'espoir que la péniche ne verse pas soudainement son contenu de sable dans les eaux troubles du néant. Les mauvaises rencontres existent, les virus sont coriaces, et bien des espérances en sont pour leurs frais. L'épidémie nous a assez rappelé notre vulnérabilité, ainsi que le côté tout abstrait des calculs sur l'avenir.

ZIGZAGS DE L'ESPRIT

La figuration d'un ordre de grandeur est utile mais elle n'est pas tout, et invite plutôt à progresser en considérant autrement ces sabliers. C'est par là que l'on comprend qu'il existe véritablement deux ordres, celui du temps et celui de la pensée. Face à nous, les grains se succèdent les uns aux autres, suivant une route gravitationnelle dont la seule loi est le passage. Son rythme est d'une constance absolue. Il faut avoir l'absence de nerfs et de pensée d'un Bouddha en méditation pour demeurer impassible devant ce comble de la monotonie. L'un après l'autre, sans variation ni spécificité, sans aucune singularité, sans que nul événement intrinsèque ne puisse jamais en altérer l'inexorabilité, les grains chutent, entraînant dans leur chute d'autres grains. Et ainsi, si l'on veut dézoomer aux proportions du cosmos, depuis toujours et pour les siècles des siècles, *ne varietur*.

Mais notre puissance de concentration n'est pas celle du Bouddha. Elle peut rester *un temps* hypnotisée par ce pur passage. Elle peut demeurer au diapason de l'écoulement, revivre au-dedans la chute qui lui fait face. Elle peut être fascinée, absorbée. Elle peut même fusionner avec cet autre radical, se laisser envahir par le rythme inhumain de cette succession. Mais *bientôt*, la concentration devra *cesser*. Un *moment*, *surviendra* une autre pensée. Et *alors*, l'esprit perdra le fil du sable, il se défera de son emprise pour revenir à son rythme à lui. Car la pensée est *génératrice* de son propre temps. C'est cela qu'enseigne l'impossibilité de rester focalisé et contraint par un tempo extérieur. L'esprit renâcle à être bridé et ne souffre pas d'être enchaîné à un rythme étranger. Il veut se libérer de la sujétion du temps autre afin que, aussitôt libre, il puisse retrouver sa grande inventivité. Car l'esprit produit son temps à lui. Il est créateur de mondes qui se déploient à leur rythme, source d'une temporalité singulière dont il peut prendre conscience.

Aussitôt dépris du pur passage du sable, l'esprit accueille une idée, puis une image, le corps se fait sentir, des impressions l'envahissent. Il passe de l'une à l'autre, zigzaguant avec la prestance d'un lièvre bondissant, allant d'une pensée à une sensation, du visible à l'invisible, du présent à l'absent. Dégagé du carcan du sable et revenu à lui-même, cet esprit circule dans ses richesses mentales à mesure qu'il les invente. Spontanément. Il vit selon son temps propre, souverain en son royaume, pouvant choisir de tout oublier, de dormir, de négliger le temps lui-même, de créer des zones de fausse éternité qui éclateront comme des bulles de savon, avant, s'il le veut, de s'intéresser à nouveau au sablier, lequel, imperturbable, aura continué son office.

Celle qui l'a sans doute le mieux donné à sentir est Virginia Woolf qui, dans *Mrs Dalloway*, suit le flux de conscience de son héroïne, faisant des tours et des détours dans son monde et son imagination, sculptant son écriture pour qu'elle puisse faire ressortir la libre créativité de l'esprit pendant une journée, tandis qu'au-dehors, avec solennité, la grande horloge de Big Ben égraine les heures et leurs fractions. Il y a là deux temps sans commune mesure, celui de l'esprit avec ses qualités toujours renouvelées, et celui de la ville, utilement ponctuel. Et c'est le temps le plus personnel que choisit Mrs Dalloway, jusqu'à éprouver l'étrange saveur de prendre son temps :

> Étonnant, incroyable ; elle n'avait jamais été aussi heureuse. Rien ne pouvait être assez lent ; rien ne pouvait durer trop longtemps. Il n'y avait pas de plus grand plaisir, pensa-t-elle en redressant les chaises, en repoussant un livre sur l'étagère, que d'en avoir fini avec les triomphes de la jeunesse, après s'être perdue à force de vivre, que de trouver le bonheur, dans un choc délicieux, quand le soleil se levait, quand le jour finissait.

UN RYTHME À SOI

Ainsi le sable passe-t-il, figure du temps objectif. L'esprit, quant à lui, génère son rythme et expérimente le temps spontané. Deux ordres se font face, qui sont ceux de la quantité et de la qualité.

Ces deux ordres n'existent que pour nous. Les autres vivants ne connaissent qu'un seul de ces temps : le temps spontané. La mésange est génératrice de son rythme de vie en fonction de son environnement, comme le ver de terre ou l'arbrisseau qui bourgeonne. Les poules se retirent, pondent, puis picorent, gloussent, parfois couvent et nichent, puis s'endorment, selon un rythme propre que par ailleurs l'homme a conditionné. C'est un temps vécu, jamais représenté : une temporalisation de base. Vivre consiste ainsi à instaurer un rythme à soi, conforme aux lois de l'espèce et parfois des individus. Pour le vivant, avoir le temps est un fait brut, et non une question ou une idée. Le chien qui attend son maître ne trouve pas le temps long. Il aimerait changer de rythme, faire une promenade. Mais il ne pense pas au temps.

Seuls les êtres humains ont ajouté à cette vie, génératrice de temps, une représentation du temps, qui est quantitative. Par leur capacité d'abstraction puis de science, ils ont imaginé un ordre du temps objectif, écoulement universel qui devient un milieu général dans lequel tous les rythmes prennent place. Le temps objectif, c'est la toile de fond, la trame fondamentale dont la physique théorique précise les lois. Le temps ne s'y vit pas. Il existe comme représentation dans lequel sont instaurés le passé, le présent et le futur. Mais nul organisme ne se temporalise avec ces abstractions, de même que personne ne vit au rythme des quantités de sable qui passent par l'orifice d'un sablier.

C'est pour cette raison que l'humain est un être perplexe. Il y a pour lui deux temps différents, le temps spontané de son rythme de vie et le temps qui s'écoule, dont il a conscience. La présence même de ces deux ordres est la cause fondamentale de la tension qui peut caractériser l'existence et que l'on entend dans le soupir de n'avoir pas le temps. Vivre serait en effet très différent si nous ne le faisions qu'au rythme du temps spontané, hors des contraintes, sans se soucier de l'heure qu'il est, ni des quantités de temps. C'est un luxe que l'on s'accorde parfois, de s'abandonner à la liberté, de n'écouter que ses envies, de ne suivre que les méandres de son esprit, les actions et réactions de son corps.

Telle est la première des qualités du temps : ce temps spontané, ce temps rendu à lui-même et presque innocent. C'est par exemple le temps des vacances, le plus délicieux qui soit, où s'impose l'impression rare de retrouver une simplicité de vivre. Les couches superflues de l'inquiétude et de l'obligation disparaissent à mesure que s'éloignent les villes et faiblissent les réseaux. Un poids s'allège, la respiration se fait plus ample. La nature retrouvée enseigne d'écouter son rythme dans la simplicité franche de ce qui n'a qu'un but : être. Sans jugement ni complication, sans abstraction ni stress, l'existence s'éprouve en se rendant libre de secréter le temps qui lui convient le mieux. Cette volupté sans montre ni réveil est inscrite au plus profond de chacun. Elle est la figure du bonheur paisible, tranquille, un peu béat peut-être, mais tellement apaisant que, pour beaucoup, l'année entière est comme polarisée par cette période de vacances qui en est la rédemption.

Paul Valéry relevait ainsi : « Il y a des arbres, des fleurs, un chien, des chèvres, le soleil, le paysan et moi, et la mer au loin, et nous tous ensemble convenons que le passé n'existe plus. » Tout est dit.

Étymologiquement, « la vacance », c'est le manque, le vide et l'absence. La vie n'est pas complète, ce qui la rend délicieuse. Il manque un but à ces journées solaires qui passent sans transition du matin à l'après-midi. Il y a carence de planning, défaut d'horaire, absence de contrainte ; c'est précisément dans ces insuffisances que l'existence comprend qu'elle peut se suffire à elle-même et que les programmes ordinaires peuvent la détourner de l'essentiel. Ce qui lui manque, c'est le poids du temps. On l'a parfois éprouvé, lors du confinement de 2020, au cours de journées distendues, où la durée paraissait se liquéfier, à force de n'être contrainte par rien. Dans la vacance, la perplexité humaine se trouve soudain résolue, faute de devoir toujours choisir entre des antagonismes. En supprimant le problème, en faisant existentiellement l'autruche, on s'épargne de devoir trouver des solutions. On décide avec Valéry que le passé n'existe plus. Et qu'importent le lendemain, les actualités lointaines et le cours des bourses ! Qu'ils fassent défaut, puisque le manque est délicieux... C'est du vide dont on jouit, c'est en minimisant le poids du temps, que s'ouvre la joie d'exister, de se retrouver, de laisser parler les autres.

Or ce vide, c'est le vide de la quantité. On ne compte plus, on ne calcule plus, à peine si l'on réfléchit. Mais comme par un jeu de vases communicants, le temps qui n'est plus dans le registre du quantitatif apparaît dans une fraîcheur, tout entier qualité, spontanément généré : le temps de vivre, en somme, car avoir le temps et vivre sont synonymes. C'est une libération, de prendre conscience qu'il est toujours possible de se reconnecter à un rythme profond, celui que génère la grâce de respirer. Le fait simple, presque brut, d'une saveur d'exister à laquelle on n'accède qu'après avoir accepté de laisser entrer du rien.

On retrouve ce salut par le manque dans toutes les philosophies du dépouillement, où c'est par le moins qu'on arrive au plus. Dans les pensées orientales, chez Platon, chez Épicure, chez Plotin puis chez les mystiques chrétiens, pour les Franciscains, chez Pascal s'il n'avait pas condamné la jouissance, chez Spinoza, dans certains textes du Diderot qui invente l'exotisme, chez Rousseau bien sûr, pour Schopenhauer influencé par les néants d'Orient puis pour Nietzsche, chez Heidegger évidemment, dans la philosophie éternelle d'Aldous Huxley, et sur un autre mode chez Jankélévitch, se trouve affirmée la conviction que la joie naît d'un certain vide. Elle ne peut s'épanouir dans le trop-plein, qui entraîne le souci. Ces décroissants d'avant la croissance trouvent tous une solution dans la simplification. Ils sont aux antipodes du chemin que prend l'humanité depuis la Modernité, laquelle choisit de combler tous les manques, de ne laisser aucune affaire en sursis, de troubler toutes les eaux et de diffuser partout la tension de ses calculs et intérêts. Ils ont raison dans leur dénonciation. Et ils auraient même gain de cause dans leur procès si malheureusement leur dépouillement ne s'accompagnait parfois d'un misérabilisme, d'un dogmatisme dans leur condamnation des plaisirs réprouvés et d'un mépris certain pour les sphères de l'économie et de la technique. En définitive, ils ont raison sur leur terrain, mais ce dernier n'est qu'une portion, peut-être centrale, d'un univers plus complexe. Il est en effet impossible d'oublier la quantité et tout ce qu'elle offre. N'est-elle pas condition de la qualité ?

En dépit de cette réserve, la conviction d'un bienfait du vide continue à résonner au plus profond de nos âmes. Pour ce qui est du temps, c'est très clair.

La vie au rythme spontané, dépouillé des cadences artificielles, paraît la plus délicieuse à tous ceux qui savent que l'oisiveté, non contente d'être la condition de la philosophie, est la mère de tous les oiseaux.

ORGANISER LE TEMPS

Le temps du sablier, figure du temps objectif, et le temps de l'esprit, figure du temps subjectif, constituent les deux premiers ordres. Avoir le temps ne s'y dit pas de la même manière : d'un côté, la quantité et ses vérités, de l'autre, la qualité et ses libertés. A ces deux premiers ordres vient se joindre un troisième, qui impose son interprétation de ce que c'est qu'avoir le temps. Ce troisième ordre, c'est le temps des civilisations.

Toutes les civilisations sont bâties sur une compréhension spécifique du temps, qui domine les esprits et biaise la manière dont on perçoit le temps objectif. Entre le temps d'un ancien Romain et celui de Vasco de Gama, entre le temps d'un paysan africain et celui d'un homme d'affaires russe, les différences sont colossales. Ils habitent d'autres mondes. Le temps objectif et quantifiable est pourtant identique pour chacun d'eux – quoi qu'ils le connaissent et en parlent différemment. Le temps vécu, subjectif, peut varier certes de l'un à l'autre, mais il n'est pas exagéré de penser que certaines constantes existent dans la manière dont ces quatre personnages vivent, en un moment calme et libre, le passage du temps. Identiques sont pour eux les structures fondamentales de la conscience, telles qu'Husserl et Bergson ont commencé à les analyser et que les neurosciences ont en partie décrites. Il existe une organisation commune de la perception psychique du temps par le cerveau. Le temps subjectif, variable par définition selon les individus, possède des invariants qui lient l'humanité.

Mais dès que l'on quitte ces strates profondes de l'organisation de la conscience, dès que l'on accueille la diversité des histoires et des lieux, c'est aux différences les plus marquées que l'on se confronte. Chaque civilisation est une interprétation du temps. Chacune s'insère entre le temps objectif et le temps subjectif pour les transformer en rejaillissant sur eux, apportant dans cet entre-deux des coutumes, des lois, des connaissances, des pratiques, des sciences, des techniques, des modes de vie variables selon les organisations territoriales et les climats. Rien ne métamorphose autant ce qu'est « avoir le temps » que cet ordre socioculturel. Il est aussi fondamental que les autres, et si, pour les besoins de l'exposé, on le nomme troisième, on pourrait en faire l'ordre premier, dont tout dépend. Le temps dit « objectif » dépend de cet instrument qu'est le sablier, mais ailleurs il sera mesuré avec une clepsydre, ailleurs encore avec une horloge atomique, et chaque fois dans des langues différentes, par des groupes qui ont des intérêts particuliers. Si la quantité ne varie pas, la mesure de la quantité change selon les instruments de mesure !

Cette détermination culturelle n'empêche pas qu'il existe un substrat universel que l'on peut appeler

« temps objectif », mais elle rappelle que les modes d'appréhension de ce substrat sont toujours historiquement et sociologiquement déterminés. Il en va de même pour le temps subjectif. Il est commode d'en parler comme du temps de l'esprit. Mais on doit aussitôt ajouter que chaque esprit est toujours déjà en situation, façonné par une culture, une mentalité et des pratiques. Ni le temps objectif ni le temps subjectif ne sont purs, ce qui ne signifie pas qu'il faille faire de cette impureté le prétexte à un relativisme absolu.

C'est avec la notion de « schème », terme philosophique utilisé autrefois par Kant, que l'on peut désigner ces représentations abstraites que chaque civilisation se fait du temps, grâce auxquelles elles l'ordonnent, l'organisent et le structurent. Les schèmes sont des figures du temps, canevas qui balisent le rapport que les membres d'une société peuvent entretenir avec lui. C'est dire qu'il existe, dans chaque civilisation, une sorte de structuration du devenir qui s'impose aux individus, souvent sans qu'ils en aient conscience, mais de manière assez déterminante pour les contraindre. Le temps n'est donc jamais « brut ». Il peut être compris sous l'angle subjectif et sous l'angle objectif, mais il est surtout pré-interprété par ces structures civilisationnelles du temps que sont les schèmes.

Pour mesurer leur importance, il n'est que de penser aux façons très différentes dont un ancien Perse et un contemporain se rapportent au futur. Pour le premier, convaincu que son existence est entre les mains des dieux et que sa destinée est écrite par avance, le futur n'est tel que pour lui : il est ce qui va lui arriver et qu'il ignore encore, mais que ses actions ne pourront contraindre car, déjà, les dieux ont façonné son avenir. Même l'heure de sa mort, pense-t-il, est consignée. Le schème civilisationnel sous lequel il vit, nous pouvons l'appeler Destin. Or, alors qu'« en soi » – s'il existe un « en soi » du temps, ce qui est sans doute un abus de langage –, le temps est identique pour un Perse et pour un Européen du XXIe siècle, ce dernier aura un rapport au futur radicalement différent du premier. Opaque, incertain, contingent, fruit des décisions actuelles, enjeu des prospectives, sujet d'enthousiasme pour les uns et d'angoisse pour les autres, notre futur n'a rien à voir avec le leur. Le Destin ne nous est qu'un lointain souvenir, à nous, contemporains de l'Hypertemps, du Délai et de l'Occasion.

Les temps changent. Le dire, ce n'est pas seulement prendre acte de la puissance de métamorphose du devenir. Tout apparaît, tout disparaît, c'est là peut-être la seule loi éternelle, qui laisse tout le reste profondément altéré, fût-ce parce que tout le reste existe chaque fois en un autre temps. Le dire, au-delà du constat qu'on ne se baigne jamais deux fois dans le même fleuve, c'est encore prendre conscience que nous appréhendons les changements provoqués par le temps de manière différente selon les schèmes civilisationnels dans lesquels nous sommes immergés. Ce sont les schèmes qui changent et font changer le temps. Ce sont nos représentations qui évoluent et nous contraignent d'aborder le devenir avec d'autres concepts, d'autres outils et d'autres pouvoirs aussi, car ce qui est permis d'espérer à celui qui vit dans le Progrès ne l'est pas toujours à ceux que le Délai semble pétrifier d'impuissance.

FUSIONNER LE LINÉAIRE ET LE CYCLIQUE : LA SPIRALE

Pour comprendre ce que sont les schèmes, il faut d'abord se déprendre d'une conception erronée et pourtant très diffuse, qu'il y aurait deux types de temps, l'un cyclique et l'autre linéaire, et que les peuples d'avant l'Histoire auraient vécu leurs existences selon des répétitions cycliques, tandis qu'avec l'Histoire s'est imposée l'idée que le temps allait dans un sens, en suivant une flèche. Cycles et lignes, tels seraient les deux régimes. D'un côté, la répétition, de l'autre, la constante nouveauté et la progression permanente.

Qu'il puisse y avoir un intérêt à penser de la sorte est indubitable et permet de nous renseigner sur certains aspects de la compréhension culturelle du temps. L'élément cyclique est bien déterminant pour un Égyptien des temps pharaoniques, dont toute la cosmologie, et partant la chronologie, dépendait de la courbe du soleil dans le ciel. Les prières des prêtres, avant l'aube, pour implorer Râ de ne pas oublier de revenir, et de répéter chaque jour son lever quotidien et sa séparation d'avec la nuit, attestent que leur compréhension était en accord avec les phases du cycle solaire. Le temps cyclique existe donc bien pour ces Anciens. Et de même, le temps linéaire est celui dans lequel nous sommes immergés, ce n'est que trop évident. Presque tous nos livres d'histoire sont organisés selon une progression temporelle qui, de siècle en siècle, apporte son lot d'oubli et de nouveauté. Cycles et lignes existent, et correspondent à deux régimes d'historicité.

Toutefois, même dans un cadre culturel cyclique, le temps se présente aussi comme linéaire. Et de même, dans nos existences liées à la flèche du temps, combien n'y a-t-il pas de répétitions, de retours, de déjà-vu, de thèmes qui sans cesse reviennent, avec certes de petites différences mais selon une structure globalement cyclique ? Les réveils se ressemblent : le moment où, au matin, nous nous retrouvons, un peu surpris d'exister, avant de réajuster nos sensations à nos pensées, est un moment chaque jour revécu. Les petites variations psychologiques ne viennent broder leurs motifs que sur une trame fondamentalement cyclique. De même, tous nos repas, nos digestions, toutes nos respirations, nos rythmes cardiaques et la chronobiologie fine qui règle la vie des hormones, tout cela de jour en jour se répète très cycliquement. Dans la vie sociale et professionnelle aussi, des cycles répétitifs commandent : les mêmes salutations, d'un matin à l'autre, le même son de l'ordinateur qui s'allume et, à quelques différences près, les mêmes messages, les mêmes questions et les mêmes réponses qui doivent feindre d'être uniques, mais qui, avec le recul, apparaissent comme fondamentalement identiques. Pour d'autres professions, les mêmes gestes, les mêmes enjeux…

Rien de nouveau sous le soleil : ce n'est pas qu'une parole de l'Ecclésiaste, c'est aussi l'embouteillage retrouvé sur le même trajet et à la même heure ou, plus positivement, le même sourire d'un commerçant que l'on n'a plus vu depuis des mois et qui est resté dans sa boutique, au même endroit, pareil à lui-même, dans une sorte d'éternel recommencement. Si la possibilité d'un recommencement à l'identique de la même journée peut autant effrayer, c'est qu'elle radicalise la répétition, en ne gardant qu'elle, en excluant toute production de nouveauté. C'est comme si le temps n'allait que sur une jambe, alors qu'il en a deux : des lignes et des cycles. *Différence et répétition*, comme l'a établi Gilles Deleuze.

S'il y a de nombreux cycles dans les vies selon la flèche du temps, il y a de même du linéaire dans les existences des temps cycliques. On ne fera croire à personne que, parce que les anciens Égyptiens vivaient au rythme du soleil, la répétition était leur seule grille de lecture. Ils se voyaient avancer dans la vie ; ils savaient l'âge, la croissance, la maturité et les irréversibles injures du temps. Ils subissaient les variations des récoltes, les changements dans les bourgades, les successions sur les trônes. Même si Pharaon organisait toute son existence selon une sorte de divinisation de la monotonie itérative, comptant sur les rituels religieux pour créer un monde où la nouveauté fût hérétique, les existences allaient leur cours et ne ressemblaient pas à de parfaites redites. Dans la répétition, des différences s'invitaient toujours. Même la bouillie d'un esclave de Thèbes n'avait jamais deux fois exactement le même goût. Et, c'est certain, le spectacle du Nil était toujours un nouvel enchantement.

Des lignes dans les cycles ; des cycles dans les lignes. Nul schème civilisationnel n'est purement cyclique ni linéaire, mais tous concilient les deux aspects de manière singulière. Tous vont en spirale. Car c'est bien cette figure-là qui permet d'allier les deux dimensions. La spirale est une courbe qui va toujours de l'avant. Elle est figure du devenir mais elle sait se répéter, et cependant autrement. Fréquente dans le règne végétal, par exemple chez les fougères ou sur la vigne, comme dans le règne animal, dans les coquilles d'escargot et de mollusques, la spirale est ce motif universel du développement et du déploiement. Elle symbolise l'évolution d'une force, d'un état, la dynamique de la vie en tant que création et expansion, et aussi par conséquent la dynamique du temps. Comme le temps de l'existence, la spirale a cette propriété de croître de manière terminale, sans modifier la forme de la figure totale, de même que la pointe du devenir qu'est l'instant présent ne change rien au passé. Elle manifeste par là la permanence de l'être à travers les fluctuations du changement.

Quand elle figure le temps, la spirale agrège la dimension d'irréversibilité linéaire à celle de répétition cyclique. Tout dépend de l'échelle, de la vue d'ensemble et des caractéristiques du mouvement spiralé. On verra que les différents schèmes civilisationnels répondent à des spirales très différentes. La spirale hélicoïdale du devenir n'est pas la même selon que l'on vit sous l'emprise du Destin, dans l'optimisme du Progrès ou dans la perplexité mi-angoissée mi-euphorique du Délai. À chaque époque ses spirales : le type de spire, le mode de croissance, son rapport au point central dont elle émane, ses variations, ses torsions, ses déstabilisations…

Les artistes se sont toujours emparés de ce motif universel qui peut symboliser le temps, le devenir, la croissance, mais aussi, chez les peuples premiers, le voyage qu'accomplit l'âme du défunt jusqu'à sa destination finale. Que ce soit dans ses usages ornementaux ou artistiques, la spirale traduit une représentation du monde. Selon les époques et les arts, elle varie extrêmement, autant sans doute que les schèmes civilisationnels dans lesquels elle s'inscrit. Il sera à ce titre particulièrement intéressant de voir que les spirales très différentes des glyphes de Nazca au Pérou, de Borromini dans la lanterne de l'église de La Sapienza à Rome, des projets de Tatlin pour le Moscou bolchévique, des cybernéticiens ou encore de Robert Smithson avec sa *Spiral Jetty*, sont autant de manières d'exprimer des rapports au temps singuliers en interprétant une même courbe, tantôt évolutive, tantôt involutive, mais toujours à la fois linéaire et cyclique. Nos vies dans le temps sont des vies spiralées.

NOS VIES EN COURBES

La courbe est ainsi la forme qui suggère le mieux le temps. Elle semble suivre l'impact de multiples forces sur son parcours et exprimer toute une dynamique que les carrés, les rectangles, les cercles et les autres figures de la géométrie ne parviennent pas à capter. Les lignes, non plus, avec ou sans angle, ne rendent pas finement les aventures et les imprécisions du temps qui passe. Onduleuse, imprévue, libre, la courbe exprime le mouvement et la vitesse. Ses méandres s'amplifient dans la lenteur, disparaissent dans la rapidité, puis reviennent : toute une vie des courbes traduit en formes les aléas du devenir. C'est par elles que l'on peut décrire les trajectoires d'une mouche dans une pièce, d'une molécule dans un gaz, d'un grain de poussière dans un halo de lumière.

L'utilisation de la ligne pour rendre compte d'un processus temporel relève tout à la fois d'un manque d'imagination et d'un manque de compréhension de ce qui s'est tramé dans ce processus. La ligne est certes commode, mais elle n'épouse pas le devenir, elle le caricature plutôt. Ainsi, écrire un livre n'est jamais aller d'un point A à un point B. D'abord, rien ne dit que l'on parte vraiment d'un point A, rien ne certifie qu'il y ait un début. Une myriade de motifs, parfois venus de loin, parfois aussi peu conceptualisés que des impressions d'enfance, s'agrègent pour s'imposer. C'est de là que l'on part : quelques idées, des intentions. Écrire un livre sur le temps, par exemple. L'esprit s'expose d'abord à ce qui vient, il suit les courants qui veulent le porter, il laisse agir des affinités parfois infrarationnelles, et, attiré par des idées nouvelles, guidé par des lectures, nourri parfois jusqu'à satiété, poussé par des convictions anciennes, il passe son temps comme une bille dans un flipper – ou comme une mouche dans une pièce. De-ci de-là, chaque jour qui passe le voit aller d'une thèse à une antithèse, d'une voie faussement royale à une magnifique voie de garage. Il explore, parfois il ignore, d'autres fois il feint d'ignorer, d'une curiosité très ouverte, quitte à repasser par des chemins déjà empruntés il y a bien longtemps, qui évoquent d'anciens textes oubliés, de vieilles conférences qui lui semblent avoir été écrites par un autre, alors que s'il lui fallait les réécrire il emploierait les mêmes mots. On n'est pas à un paradoxe près, surtout quand il s'agit de mobiliser un savoir figé dans le souvenir au profit d'un but qui, s'il est peu clair au début et en gestation, n'en fonctionne pas moins comme un attracteur puissant à mesure qu'il se précise et se met à ressembler à une certitude qui demeure discutable.

La seule flèche du temps, c'est celle que l'on décoche vers une cible putative, au loin. Mais que de sinuosités encore dans son parcours, que de ratures, de brouillons, de recommencements, de répétitions obsessionnelles pour qu'elles puissent donner l'illusion de voler bien droit, alors qu'en réalité des myriades de forces antagonistes agissent sur son parcours, l'accélèrent ou la freinent ! C'est autour de cet axe intentionnel, cet axe de conviction abstrait, cet axe que l'on essaie maladroitement de communiquer, au début (« Ce que j'aimerais faire, c'est étudier les chassés-croisés entre le temps existentiel et le temps des civilisations »), que viennent s'enrouler les spirales du temps de travail, jusqu'au moment où les choses se figent dans un plan, lequel ressemble à la version finale de longs échanges diplomatiques entre toutes les idées qui voulaient avoir voix au chapitre.

Puis vient une nouvelle formulation du problème en terme polémique, qui incite à parler d'une bataille des temps, et qui oblige à faire muter l'ensemble, puis à le resolidifier. Fort de cette stabilisation, l'écriture, qui avait *toujours déjà* commencé, comme disent les phénoménologues, prend les rênes. En s'insérant dans un plan, elle injecte organiquement une vie nouvelle par des interventions sporadiques. Un nouvel être ne se crée pas en commençant par les pieds et en finissant par la tête. Il y a un mouvement d'ensemble, une dynamique globale, que l'on observe aussi chez les dessinateurs qui semblent demander à leur crayon d'être partout à la fois. Le résultat désiré commande l'ordre des séquences et des gestes, le rythme. Enfin, on se dit, un matin : « Tiens, il semble que cela s'approche d'une fin. » Cela ressemble à l'invention d'un point B, invention que fortifie un autre désir, celui de ne pas passer toute sa vie à faire des mouvements griffonnés au cœur du livre, qui absorberait alors dans sa courbe à lui les courbes d'une existence.

De même, en voit-on beaucoup, des relations qui filent tout droit du début à la fin ? Ce sont des ersatz d'existences, créées par des tragédiens qui voulaient illustrer une mécanique. Et des vies amoureuses, des vies professionnelles, des vies du corps ou des vies politiques ? En lignes toutes droites ? Non, plutôt toujours l'entrelacs, la complexité d'une courbe qui s'enchevêtre autour d'un axe de devenir objectivement irréversible, et qui forment alors un mouvement spiralé, comme si exister, c'était rouler et dérouler, du dedans au dehors et du dehors au dedans.

DESTIN, PROGRÈS, HYPERTEMPS, DÉLAI ET OCCASION

Les schèmes de civilisation forment ainsi des spirales, le temps de chaque civilisation infléchissant les manières de vivre et de comprendre la durée. Pour lui rendre justice, on pourrait convoquer l'histoire, l'ethnographie, l'anthropologie, la géographie comparée, l'analyse des mythes et des narrations. On pourrait contraster la temporalité des Aztèques et celle des Peuls, celle des anciens Chinois et des Chinois d'aujourd'hui convertis au technocapitalisme d'État, celle de la Rhénanie industrielle et de l'Italie du Sud plus agricole. Toutes ces analyses nourriraient un panorama du temps des cultures. Les études, du reste, existent et témoignent de l'extraordinaire richesse de connaissances de notre civilisation. On le souligne peu, mais l'étendue du savoir contemporain est vertigineuse. Elle pose d'une manière encore différente la question d'avoir le temps, car une vie ne suffit pas pour étudier la temporalité au bas Moyen Age, ni celle de la Révolution industrielle.

Des choix sont donc nécessaires, et plus encore que des choix, des perspectives. La mienne reste philosophique, animée par le désir de donner un sens à l'expérience singulière de ce que c'est, aujourd'hui, avoir ou n'avoir pas le temps. C'est pour poser ce problème et éclairer le nœud contemporain qu'il est nécessaire de l'historiciser. Avec l'éclairage d'une histoire philosophique des rapports au temps, on pourra saisir toute l'étrangeté de la situation que nous vivons ; on la verra en effet saturée par la quantification du temps, et perplexe devant la question de la qualité.

Cinq grands schèmes peuvent être distingués, qui correspondent aux modes majeurs du temps des civilisations. D'abord une période prémoderne dans laquelle le temps appartient aux puissances célestes, à Dieu ainsi qu'à la Nature. Il est alors assimilé à un

Destin. Ensuite une période moderne, qui débute au XVe siècle, où l'homme cherche à maîtriser le temps. Il le vole pour ainsi dire à Dieu, désireux d'y intervenir et d'y imprimer sa marque en le mesurant et le quantifiant, ce qui est d'une audace insensée, mais ne fut pas sans déboucher sur une vraie réussite dont nous profitons encore : le temps, alors, devient *Progrès.* Dans son sillage et sans rupture claire avec le Progrès, une période postmoderne voit le temps s'affirmer à la fois comme Hypertemps et comme Délai. Le temps conquis par le progrès moderne échappe à l'homme sous l'effet d'ultraforces technoscientifiques et financières, dopées par la mondialisation. C'est un nouveau régime très spécifique, fabuleux à bien des égards, dommageable par certains de ses impacts délétères. La temporalité s'y accélère, mais elle devient aussi *Délai*, puisque la question qui s'y pose est de savoir combien de temps il reste pour agir, avant que ne survienne une catastrophe écologique que l'on dit inéluctable.

C'est cela, un délai : un intervalle de temps avant qu'il ne soit trop tard. Le constat que nous n'avons plus le temps s'y montre sous un jour cru, d'ailleurs peut-être beaucoup trop cruel pour les jeunes générations qui méritent qu'on leur invente de nouveaux schèmes, et donc de nouveaux devenirs, car l'on ne peut traiter les nouveaux arrivés sur cette planète comme des tard-venus, qui n'hériteront que d'une crise. Cette histoire-là, véhiculée notamment par la collapsologie, est comme une spirale brutalement arrêtée dans sa croissance. Elle ne peut demeurer sans autres débouchés ; il faut du devenir, du possible. C'est ce que l'on suggérera avec l'Occasion.

Le temps n'est jamais lui-même. Il est toujours le temps humain, vécu, interprété, socialement et culturellement contraint. Il n'est pas le temps objectif des physiciens, dans lequel personne n'a jamais vécu. Il est le temps auquel l'homme impose son imaginaire, ses désirs, ses obsessions ; le temps que l'on cherche à capter en parlant de schème. Peut-être tout temps est-il fantasmé... Peut-être tout temps résulte-t-il de créations culturelles étranges, marginales à leur début, mais s'imposant bientôt dans les sociétés puis sur le globe. Il n'y a pas là de déterminisme, mais plutôt le jeu singulier des créations humaines qui luttent les unes avec les autres dans une bataille de suprématie, que certaines emportent sans toutefois que leurs concurrentes soient totalement éliminées.

Il est donc fondamental de distinguer ces régimes du temps que sont le Destin, le Progrès, l'Hypertemps, le Délai et l'Occasion. Ce sont les centres actifs de cinq mentalités et de cinq visions du monde. Les premiers nous sont familiers, même si nous ne les vivons plus car pendant des siècles, ils ont irrigué l'inconscient collectif dont nous avons hérité. Une grande partie de notre culture résulte de ces transformations du temps que sont le Destin et le Progrès. Or les nouvelles figures du temps comme Hypertemps et comme Délai les dépassent sans pourtant les rendre obsolètes, car aucun schème ne meurt vraiment. C'est en elles que nous vivons. C'est le temps accéléré et le temps comme Délai qui président à nos activités, à nos productions, à nos médias, à notre économie et à notre technoscience. Ce sont eux qui nous sidèrent et nous tétanisent. La temporalité vue comme Délai est difficile à penser, d'autant qu'elle garde les marques et les influences du Destin et du Progrès.

Curieusement, pourtant, alors que nous sommes immergés dans le Délai, nous le connaissons peu et peinons à en saisir la logique, comme si nos cerveaux ne pouvaient se rendre à l'évidence. Le recul nous manque. Il est pourtant capital de le penser, parce qu'il bouleverse notre rapport au monde. Il porte en lui une folie inhumaine qui entoure les possibilités de périls en lesquels certains ont vu le signe d'une fin des temps. Mais ce signe-là est-il le seul ? N'est-il pas souhaitable de penser un rapport au temps qui dépasse le Délai ? Un temps qui serait une Occasion, sous l'angle, non plus de la puissance, mais de la justice ? Un schème dans lequel *avoir le temps*, ce gage d'humanité, pourrait se dire de manière nouvelle ?

II

Diachronie

Destin

CHRONOCRATOR, LE DESTIN

Est-il possible, par les seuls pouvoirs de la réflexion et de l'imagination, de pénétrer la vision du monde des hommes pour lesquels tout – absolument tout – était écrit de manière immuable par une instance transcendante ? Est-il possible de saisir la façon dont ils voyaient leur vie, exécution docile d'un plan indéchiffrable dont ils se satisfaisaient, remerciant pour les bienfaits, déplorant les malheurs sans cependant en injurier les commanditaires, toujours assujettis, toujours marionnettes d'une pièce rendue fabuleuse par le décor sublime d'une nature toute-puissante ? Est-il possible de les comprendre, ces peuples qui croyaient au Destin comme nous croyons aux faits ?

Il est sans doute impossible de franchir la distance gigantesque qui nous sépare de leur vision du monde, même si des approches peuvent être tentées. De longues immersions dans les mentalités radicalement religieuses qui prospèrent encore sur notre planète peuvent certes éroder les croyances postmodernes et leur faire entrevoir que des mondes très différents furent viables – et peut-être, à leur manière, sereins. Mais il y aura toujours une différence entre comprendre ce que signifie un mot, et vivre ce mot comme puissance, comme force absolue et finalement comme magie. Même si l'on s'approche de ce que veut dire le terme « Destin », il faudra encore basculer dans un univers étrangement autre pour éprouver ce que fut sa réalité pour tant de personnes durant tant de millénaires. Et ce basculement-là semble impossible de manière intégrale. Certains passés sont hors d'atteinte. Déjà chez les Grecs classiques, les théogonies du temps d'Homère étaient considérées comme d'archaïques exagérations, incompréhensibles dans leur fondamentalisme superstitieux, bien que parfois envoûtantes. Alors pour nous, que sont-elles sinon des étrangetés radicales, lointaines et géantes comme les ruines mégalithiques de la cité de Mycènes ?

Le Destin fut souverain dans la pensée archaïque. Il était le véritable dieu auquel tous les autres étaient soumis, il était la puissance, la force irrésistible, l'éternelle loi qui dictait le cours des choses. Tout, dans le monde, arrivait par le Destin et s'en retirait à sa guise. Même les dieux, qui furent chez les Grecs les frères aînés des hommes, ne purent le contraindre. Zeus aurait voulu sauver Patrocle, mais la terrible balance en ayant décidé autrement, il ne put qu'accepter le verdict. Impossible de l'infléchir : le Destin est sourd, le Destin est aveugle. Il ne doit rien voir en dehors de lui, où est écrit de toute éternité le cours des événements tels qu'ils se produiront. Ses arrêts sont fixés dans un livre où les dieux les consultent et que les Parques exécutent. *Inexorabile*, *insuperabile*, *ineluctabile*, diront les Romains de ce Destin qu'ils appelèrent *Fatum*, terme qui vient de *fari*, parler, parce qu'en définitive seul le Destin parle, tandis que le monde n'est que la réalisation ou l'explicitation de cette parole. On en retrouve la trace dans le prologue de l'Évangile de Jean qui dit qu'au commencement était le Verbe. C'est cette parole destinale qui met en branle le monde temporel.

Jadis, le temps ne pouvait s'interpréter qu'à la lumière du Destin. Il est le versant divulgué séquence après séquence, avec toutes les lenteurs de la diffusion chronologique des événements pour ceux qui les vivent, d'une pièce écrite longuement à l'avance. *Mektoub :* « C'est écrit », disent les musulmans. Or si c'est écrit, ce l'est du début à la fin, dans un texte éternellement achevé dont le temps n'est que l'effectuation. Avec le Destin, le temps trouve son maître. Quand Platon dit du temps qu'il est « l'image mobile de l'éternité immobile », il capte d'une formule sublime cette double dépendance du temps à l'égard du Destin éternel. Le temps est image et copie du Destin, seul original dont tout provient ; et le temps est mobile car il faut s'y déplacer pour vivre et comprendre, tandis que l'éternité est immobile, complète déjà, à jamais fixée.

Cette idée que le temps trouve son maître dans le Destin existe également dans le christianisme qui en a adouci le poids en l'appelant Providence, en ménageant une place, évidemment problématique, à la liberté humaine, et en supposant que par la prière et un jeu complexe d'intercessions, ses arrêts immuables pourront évoluer. Mais l'idée d'une maîtrise de Dieu sur le temps y persiste. À Autun, sur le tympan de la cathédrale Saint-Lazare, figure un Christ appelé Chronocrator, c'est-à-dire Maître du Temps, qui pour cette raison est aussi Cosmocrator, Maître de l'Univers.

Éclairées par cette ancienne piété, les revendications contemporaines se laissent observer sous un jour nouveau. « Je n'ai pas le temps », entendons-nous çà et là. La réponse de la foi se fait cinglante et ironique : « Évidemment que vous n'avez pas le temps ! Et vous ne l'aurez jamais, car il est au pouvoir de Dieu ! » Impossible d'humilier davantage l'homme, de le rapprocher plus de la terre, et de grandir davantage la puissance de la transcendance. Le temps qu'il croyait avoir en vivant, il ne l'a en réalité pas. À peine l'emprunte-t-il, ignorant dans quel but et forcé de se plier aux coups du sort : en somme, métaphysiquement irresponsable et ignorant. Si l'on n'est pas, au moins un peu, maître de son temps, on n'est maître de rien. Or c'est bien là le message du Destin… Vanité des vanités, que de croire possible à la créature intelligente d'avoir barre sur le cours des choses ! Tout échappe à ce petit homme qui n'habite qu'une infime portion du temps, allouée sur une minuscule planète errant dans le cosmos. Face à l'infini, n'y a t-il pas quelque orgueil à croire que l'on *a* le temps ?

De même, face à la nature. N'oublions pas que les peuples du Destin vivent englobés par la terre, le ciel, la mer, les animaux, d'une façon qui échappe aux humains des bulles urbaines qui ont fait sécession pour prospérer et se protéger. Agriculteurs, éleveurs, marins, génitrices et géniteurs, ils vivaient au rythme de la nature : c'est elle qui impose les cycles, organise les saisons, agence les nuits et les jours, dicte les heures, fait croître, murir et dépérir. Si métaphysiquement le Destin est Maître du Temps, physiquement, la Nature en est la grande Intendante. Toujours changeante mais toujours régulière, toujours inventive mais sans jamais de saut, la nature offre dans chacune de ses manifestations l'image par excellence du devenir. Elle est tout entière irriguée par le temps qui se déploie depuis l'intérieur du vivant en une chronobiologie très fine, se développant par poussées, germinations, fécondations, embryogénèses, puis croissant, s'organisant, se reproduisant et se disséminant, avant de flétrir, de dépérir et de revenir, poussière ou cendre, dans le vaste Tout.

Quiconque observe la nature la sait grande maîtresse du temps, ou plus exactement du devenir, car rien en elle n'est abstrait, tout n'est que phases et processus. Le rythme universel, c'est elle qui le donne. « La nature fait les choses sans se presser, dit le Tao, et pourtant tout est accompli. » C'est donc elle qui a le temps ! L'humilité qu'imposait déjà le Destin est ici, une seconde fois, dictée par le spectacle empirique de cette pourvoyeuse de vie – la seule, façonnée par des milliards d'années d'évolution.

FACE À UNE COQUILLE

Certaines productions de la nature se distinguent par leur mystérieuse beauté. Le cristal est de ceux-là, comme la fleur ou la flamme. Ils sont un défi pour l'esprit : évidents, limpides, ils n'en sont pas moins radicalement *flagrants* par la perfection de leur harmonie. Leur être est une énigme. C'est ce que Paul Valéry a médité dans un beau texte consacré à cette rencontre avec l'altérité. Dans *L'Homme et la Coquille*, il médite sur un coquillage ramassé sur la plage. Il admire la forme et l'aspect de la coquille, combinaison des motifs de l'hélice et de la spirale.

> Le cône s'allonge ou s'aplatit, se resserre ou s'évase ; les spirales s'accusent ou se fondent ; la surface se hérisse de saillies ou de pointes, parfois fort longues, qui rayonnent ; elle se renfle quelquefois, se gonfle de bulbes successifs que séparent des étranglements ou des gorges concaves sur lesquelles les tracés des courbes se rapprochent.

On a presque l'impression que la langue magnifique du poète se déploie comme le mollusque secrète sa coquille, dans un souci d'harmonie et presque comme un coup d'éclat. Italo Calvino, dans un texte justement appelé « La spirale » qui figure dans le recueil des *Cosmicomiques*, a également été inspiré par un mollusque et tentera d'insérer sa prose fantaisiste entre l'intention de l'animal et sa production minérale.

L'un et l'autre de ces écrivains, dans la prose enlevée et spirituelle du Français ou dans les jeux néo-baroques de l'Italien, saluent dans la coquille la coupure qu'elle impose. Il y a d'une part l'esprit humain, ses catégories, sa science et son langage. Et puis juste à côté, cette beauté torsadée qui outrepasse nos capacités d'intelligibilité, et appelle d'autres catégories. « Notre esprit est défié par tout ce qui naît, se reproduit et meurt sur la planète », écrit Valéry. La Nature, la Productrice, qui n'est ni intention ni machine ni hasard, s'impose comme un ordre à part, en lequel nous sommes immergés et que nous peinons à comprendre. C'est en cela qu'elle est Destin : elle n'est pas à la mesure humaine. La vieille conviction du sophiste Protagoras selon qui l'homme est la mesure de toutes choses, de celles qui sont comme de celles qui ne sont pas, reçoit un démenti par le prodige simple d'un coquillage. C'est comme si nous vivions dans un monde qui outrepasse par sa beauté l'intelligibilité dont nous sommes capables.

Du reste, point n'est besoin d'aller ramasser un coquillage pour le comprendre. Une méditation sur notre main suffit à alimenter la conviction qu'il y a d'autres types de *faire* que ceux qui sont usuels dans la petite sphère intellectuelle de l'homme. La Nature *fait* des choses d'une manière qui échappe à notre intellect.

C'est précisément là que l'on rejoint la question du temps. Car théorisant que la vie, pour produire du solide, doit passer par le fluide et utiliser des solutions, des liquides en suspensions et des émulsions, Valéry en vient à se projeter dans le gastéropode à l'œuvre qui dispose autour de lui, pour construire son antre de solitaire, des couches successives de mucus auquel il donne une forme spiralée. À nouveau, l'œuvre de la Nature défie son esprit : il ne parvient pas à intellectualiser le temps de la nature. « Nous ne pouvons pas imaginer, écrit-il, une progression assez lente pour amener le résultat sensible d'une modification insensible. » L'hélice spiralée se fait indistinctement et indivisiblement, alors que notre esprit, dans son rapport au temps, ne peut penser qu'en séquences, en suite d'opérations, en instants cumulés. Bergson, à une époque proche de la sienne, ne dit pas autre chose.

Ce temps de la Nature, c'est le temps que l'humain ne comprend pas : celui de l'herbe qui croît, des cheveux qui poussent, de la peau qui se régénère, du cerveau qui s'auto-entretient durant le sommeil. Mais aussi celui, cosmique, des années durant lesquelles voyage la lumière sans être altérée, des répercussions des explosions stellaires, des ondes électromagnétiques qui circulent en striant le ciel d'éclats que nos télescopes, parfois, captent. Ou celui du Big Bang, naissance du temps, qui est peut-être l'idée la plus insolite que l'on puisse rencontrer. C'est le temps qui défie l'esprit, et c'est pourquoi la notion de Destin lui convient, avec ce qu'elle comporte d'incommensurable suprématisme.

Ce Destin est un schème très vieux. Peut-être les artistes de Lascaux le possédaient-ils déjà. Il est très présent à l'Age de Bronze, comme ultérieurement chez les Nazcas du Pérou. Chez les Tabwas, au sud-est du Congo, les chefs portaient un bijou dont les spires représentent les ancêtres dont ils conservent l'influence. Culturellement structuré par les savoirs antiques et médiévaux, ce schème continue à occuper une place ambiguë dans notre propre culture. Car, bien sûr, nous l'avons évacué, et avec lui ses superstitions. Nous avons cherché à prendre le contrôle du temps. Mais dans le murmure des nuits étoilées ou face à une coquille, ou bien regardant notre propre main, ce temps de la Nature productrice revient vite et pose toujours autant de questions, appelant autour de lui des pensées inachevées. Rien, dans ces questions concernant la vie des schèmes, n'est définitivement clos. Il reste des rémanences, un *non finito* qui nous rend parfois contemporains, par la réflexion, de très anciennes idées.

Coquillage Conus Figulinus, famille des Conidae, 4,5 cms
© Wikimedia Commons/Didier Descouens/CC BY-SA 3.0 (noir et blanc)

Géoglyphes de Nazca, forme de singe, désert de Nazca, Pérou
© Istock/DanielPrudek

Protège bras en bronze composé d'une grande spirale et d'une plus petite, 25 cms, Europe centrale, vers 1500 avant J-C, milieu de l'Âge du Bronze

LA PATIENCE

Les Anciens ont toujours eu cette certitude que c'est en observant la nature qu'ils apprendraient à mieux régler leurs comportements et à trouver le bonheur. Elle est l'école de la vie et même son université. Mirer un œuf fécondé pendant les vingt et un jours de son embryogénèse, suivre la transformation de la fleur du pommier en un fruit, regarder un vieux chien qui boitait trop se coucher, l'œil vitreux et hagard, puis doucement s'éteindre, tout cela est d'une simplicité radicale, et pourtant de la plus haute puissance. Tout savant qu'il soit, l'humain en est le spectateur. C'est dans ce monde-là, soumis aux principes universels, qu'il résidera une huitaine de décennies, si tout va bien. C'est sur la même planète, partageant les lois de la synthèse des protéines, de l'immunité cellulaire, de la propagation des bactéries et de la lutte contre les virus, qu'il habitera. Et c'est donc dans un même temps omnienglobant qu'il vivra. Car le temps de la nature est aussi le temps des humains, même de ceux qui regardent la télévision au vingt-septième étage des gratte-ciels. Et ce temps s'impose.

Il s'impose si fort que la vertu humaine par excellence, face à la nature, est une vertu qui accepte le temps et se règle sur lui : la vertu de patience. « An der Geduld erkennt man den Mann », dit un proverbe allemand. C'est à la patience que l'on reconnaît l'homme. Or si ce mot « patience » nous parle, il nous dépayse aussi, comme le font d'autres vieilles qualités, ces attitudes anciennes auxquelles on bâtissait des statues allégoriques et qui aujourd'hui sommeillent entre les pages d'aimables dictionnaires. Ainsi la mansuétude, la miséricorde, la magnanimité… C'est chaque fois un monde qui s'ouvre entre les syllabes des mots, un monde oublié. Il en va de même avec la patience, dont toutes les nations s'accordent à reconnaître l'importance : « La patience est la seconde bravoure de l'homme », dit une sentence espagnole ; « La patience aplanit les montagnes », dit-on au Liban ; et chez les anciens Romains : « La patience est pour l'âme comme un trésor caché ».

Si la patience est ici importante, c'est que, grâce à elle, l'homme va retrouver la qualité du temps. Ce dernier appartenait au Destin et à la nature, qui en frustrait les humains. Mais qui perd gagne. Toute la ruse des animaux dénaturés que nous sommes aura été de retrouver le temps en le laissant jouer pour nous. Le patient est en effet celui *qui a le temps*, qui a conscience que le temps joue en sa faveur. C'est avec le temps, et donc de la patience, que l'herbe finit par devenir du lait. Sagesse ancienne qui reconnaît au temps une puissance, mais sagesse nourrie d'expérience et d'observation, et qui sait guetter son heure. Sachant que le temps est actif et que c'est lui qui fait l'ouvrage, il suffit d'attendre. Les pommiers en fleur d'avril donneront leurs fruits en septembre ; d'ici là, il convient de laisser l'œuvre de maturation se faire, en dégageant le pied s'il le faut et en arrosant si nécessaire. Mais le plus sage est encore de s'asseoir, de lire les *Bucoliques* muni d'un flacon qui aura lui aussi bonifié avec les années.

Le patient est un oisif qui s'assume. Il a la tranquillité d'une femme enceinte qui s'en remet aux complexités de l'embryogénèse, et espère surtout parvenir au terme sans encombre. La volonté d'accélérer le processus, en l'occurrence, est plutôt contre-productive. Le temps est ce qu'il est, et seul l'insensé veut le précipiter, comme ceux qui, dans les trains, pousseraient sur la banquette devant eux pour arriver plus vite. Seul le temps a la puissance que le patient, qui est passif comme l'indique l'étymologie du mot, supporte (*patior*, en latin). Il faut être proche de la nature pour penser ainsi, car c'est elle qui impose son rythme et fait plier la volonté humaine, si elle ne s'y accorde pas. *Boom gegroot, manneken dood*, dit-on en Flandre. L'arbre a grandi, l'homme est mort. On ne peut être plus clair quant à la distribution des forces...

Cette distribution inéquitable concerne également la connaissance. À la certitude absolue de mourir fait pendant l'incertitude absolue de son heure. *Mors certa, hora incerta*. La quantité échappe aux hommes. Ce sont les Parques qui savent : Clotho qui fabrique le fil des destinées, Lachésis qui le déroule et le met sur le fuseau, Atropos qui coupe impitoyablement quand l'heure est venue. L'approche quantitative n'est pas prisée par ces peuples qui savent la vie fragile. Avoir le temps n'y est pas un concours où le plus gros chiffre l'emporte, excepté, par contrepoint, dans les généalogies mythiques qui ouvrent les livres sacrés, comme la Bible, où l'on apprend les longévités mirobolantes des protégés de la divinité. Mais pour le commun des mortels, la mort est trop commune pour faire l'objet de pari. C'est peut-être aussi pourquoi les qualités du temps qui nourrissent la chronosophie y sont tellement cultivées : la quantité est hors d'atteinte. Elles ne *dépendent pas de nous*, comme disent les stoïciens qui participent aussi à la contre-offensive qualitariste sous forme d'un apprentissage de la patience sereine. *Sustine et abstine :* leur devise, que l'on retrouvera par la suite aux frontons baroques des écoles jésuites (ces néo-stoïciens de la foi), ne dit pas autre chose. Supporter en s'abstenant de faire des commentaires désobligeants sur la pièce en cours, voilà le code de conduite.

Certes, ce monde du Destin s'est fait discret en Occident. Ses décrets mystérieux sont traités comme un bruit de fond. Mais la nature demeure toujours le lieu par excellence de la puissance. On l'a d'ailleurs vue revenir avec une vigueur qu'on ne lui soupçonnait plus lors de l'épidémie du coronavirus, ce petit rien qui n'est même pas un organisme, et qui s'est fait maître du temps. C'est lui qui a tenu le calendrier, c'est au rythme de sa progression que la civilisation entière fut contrainte d'aller. C'est lui qui avait le temps, et nous qui ne l'avions plus ! Nos activités, devenues des passivités (de là notre patience nouvelle et forcée), ont été suspendues aux effets de ses ravages. Toutes les courbes humaines, par lesquelles on mesure les pics de trafic, les fréquentations des transports, le nombre de spectacles ou les cours de la bourse, ont pris soudain une forme inversement isomorphe à celle de l'évolution du Covid-19.

Ce fut une sacrée leçon, non sans humiliation, pour les bricoleurs du temps que les contemporains se rêvaient d'être. Mais l'humiliation fut aussi riche de leçons. Elle montra que le désir humain d'avoir le temps peut être confronté, parfois, à des forces bien plus puissantes que lui.

Progrès

LE PROGRÈS, QUELQUE PART DANS L'INACHEVÉ

Se faire « maître et possesseur de la nature », comme Descartes l'a génialement professé, c'est d'abord se faire maître du temps. On l'a trop peu dit, c'est pourtant là que réside la révolution moderne. Cette maîtrise désirée suppose que l'humain gagne en puissance, tandis que la nature, le temps et la nécessité se voient retirer un peu de leur potentiel décisionnaire. C'est ainsi une nouvelle, quoique minime, passivité qui est imposée à la nature, tandis que l'action humaine cherche à intervenir dans ses rythmes de maturation et de transformation. Mais surtout, elle trouve d'autres voies, d'autres méthodes. Les techniques rusent avec la temporalité (*machina* veut à l'origine dire « ruse »), motivées par la volonté d'accélérer les lenteurs, d'éliminer les frottements et de compresser dans une seule unité spatio-temporelle davantage d'affects et d'actions que la contemplation d'un pommier n'en pouvait donner.

C'est là un autre monde, un autre rapport temporel, qui tantôt se substitue et tantôt se surajoute au temps de la patience et de la nécessité. Toute la civilisation du Progrès tend à infléchir le temps et à le ramener sous l'orbe de la volonté humaine. Civilisation d'impatients, peut-être. Mais civilisation dans laquelle on va aujourd'hui de Bruxelles à Montpellier en quelques heures, contre un mois à pied naguère.

Deux voies peuvent être empruntées pour comprendre cette révolution née au XVe siècle et continuant, depuis lors, à produire ses effets. La première, psychopolitique, met en lumière un nouveau rapport au pouvoir ; la seconde, technologique, porte sur la manière dont de nouveaux instruments de mesure transforment la relation au temps en le quantifiant. L'événement moderne est la conjonction de ces deux voies ; il affecte tant les mentalités que les dispositifs et génère un schème temporel inédit. Avoir le temps sera désormais compris comme une possibilité de faire mieux, sans que soit nécessairement précisé la nature de ce « mieux ».

S'il est important de commencer par la première voie psychopolitique, c'est pour insister sur le fait que le Progrès n'est pas d'abord des machines, des instruments, des ouvrages ou des objets nouveaux. C'est surtout une mentalité en révolte, une mentalité qui n'accepte pas l'ordre ancien et refuse que le passé et son fruit, le présent, soient utilisés comme argument d'autorité. La rupture avec la civilisation du Destin se situe là, car dans le Destin, seul le passé règne. La vérité dépend des origines. C'est le plan médité par une intelligence transcendante dans la Nuit des Temps qui s'impose. Le monde s'y présente comme un héritage, et les héritiers, toujours, remercient et saluent ce dont tout procède, le *Fiat* premier, Dieu ou la Nature. Les généalogies de la Bible, les filiations des mythes, les origines des dynasties, les traditions des sociétés, les légitimations des autorités, les orthodoxies des pensées, tout témoigne du poids du passé dans la civilisation du Destin.

Face à cela, le Progrès s'impose comme un refus. L'ancien, pour lui, n'a pas valeur d'argument. La légitimité ne dépend pas de l'arbre généalogique, qui peut vite se transformer en tare. Le regard se déplace. Les vérités anciennes, répétitives et ataviques, sont considérées comme des œillères, tandis qu'un horizon nouveau apparaît sous forme d'invitation à l'exploration. L'avenir, le futur, l'innovation : voilà les nouveaux centres de gravité. L'ailleurs, l'inconnu, l'autre rive des océans : voilà les nouvelles destinations. Il s'agit d'une libération, qui entraîne en quelques siècles toute une civilisation dans un basculement révolutionnaire. L'antique, autrefois glorifié, est regardé comme archaïque, caduc, décrépit, désuet et périmé, tandis qu'un âge plus jeune s'ouvre, qui devra faire ses preuves par ses résultats plutôt que par ses origines. Au reste, quiconque prend le risque de la rupture accepte le défi de réussir par ses propres moyens. Le Moderne est d'abord un audacieux, parfois un téméraire. Dans tous les cas, un pionnier.

Les conformistes ont un avantage sur les audacieux : ils savent à quoi s'en tenir. Même si leurs informations sont parcellaires, voire fausses, elles existent, ce qui a un certain poids. Quand on prend ses autorisations dans le passé ou dans l'imitation des coutumes, on traite avec de l'existant. C'est une qualité. On fait confiance en la répétition d'anciennes formules ou de réitérations saisonnières, ce qui suppose de la patience, certes, mais une patience légitimée par les saisons précédentes.

Le basculement dans l'audace, en revanche, suppose de traiter avec de l'inexistant. Celui qui rompt fait face au vide. Il ne peut plus compter sur les règles établies, il doit dialoguer avec ses projets, ses imaginations, ses spéculations, tandis qu'une partie de ceux qui sont restés sur la rive des coutumes attendent qu'il échoue et préparent leurs discours de condamnation de l'*hubris*, des discours qui tous commencent par : « Je le savais ». On ne dira jamais assez la solitude de l'aventurier, le courage de celui qui entreprend. Il n'a que quelques alliés, qui tous goûtent le vent du large et de la différence. Comme il ne peut plus s'appuyer sur ce qui existe ou a existé, il doit avoir confiance en ce qui n'existe pas encore. Il ne pourrait donc tabler sur rien s'il conservait l'ancien rapport au temps. Mais ce vide est impossible, bien sûr.

C'est pourquoi il lui faut inventer un autre rapport au temps, qui met l'accent sur sa puissance de création. Pour lui, le monde est inachevé et il faut le parachever. Le temps, pour l'audacieux, c'est le devenir. Le vide et la solitude qu'on lui promettait ne sont pas si réels que cela. Il voit des possibilités dans le présent lui-même, des germes, des commencements, des initiations, des premiers pas qu'il lui faudra entretenir, puis amplifier, puis cultiver. Car le temps joue aussi en faveur de l'audacieux, pour peu qu'il y voie l'énergie par laquelle tout devient. C'est un patient, lui aussi, mais un patient volontariste, qui a semé des graines originales. À ses yeux, avoir le temps, c'est surtout avoir le temps *devant lui*.

On l'a trop peu remarqué mais ce qui fait la singularité du Moderne, c'est qu'il est contraint de se fixer des buts. C'est par eux qu'il échappe au passé et se laisse attirer par le futur. Car les buts sont les fantômes de l'avenir. Ils sont les imaginations qui, depuis le présent, dessinent les lendemains. Ils font une différence saisissante, car l'habitude humaine est plutôt de vivre sans finalité singulière ni projet exceptionnel, dans ce contentement que procure l'imitation des semblables. À vrai dire, cette imitation est déjà un but, mais sans nouveauté ni différence. Elle n'est qu'un désir d'être socialement en phase.

En revanche, l'introduction dans le champ du devenir d'une finalité nouvelle résonne comme un coup de tonnerre. Elle est une ébauche prospective, un ajout humain injecté dans le devenir, dont on veille à la réalisation. Tous les désirs de réformes, les projets utopiques, les combats d'émancipation et les initiatives de transition portent l'influence indélébile de l'avenir, dont ils reçoivent leur énergie.

L'AVENIR NOUS APPARTIENT

Dans ce monde où la temporalité se voit transformée par le désir de Progrès, la question d'*avoir le temps* change de statut. Avoir le temps, ce n'est plus prendre son temps, patienter au rythme de la nature et, pour ainsi dire, se laisser bercer par le Destin dans une confiance quasi religieuse. Il n'est plus possible d'être seulement emmené par cette *vis a tergo*, cette force qui exerce sa poussée depuis l'arrière et figure le passé, puisque dorénavant une aspiration attire le sujet vers l'avant, ce qui est le sens du « progrès », qui vient de *pro-gradere*, marcher vers l'avant, ainsi que du « pro-jet », ce que l'on jette devant soi avec force. En avant toute ! Mais comment faire ? Combien de temps cela mettra-t-il ? Est-ce long ? Est-ce court ? Quelles sont les voies praticables, et les plus arides ? Combien d'heures de marche pour chacune, combien de jours de navigation pour découvrir le Nouveau Monde, combien de mois de travail ?

Passées les premières exaltations, après les espoirs et les craintes suscités par les buts et les idéaux, il convient d'être concrets. Les questions concernent désormais les moyens, les capacités, les méthodes et la procédure. Elles engendrent une mentalité où la quantité apparaît plus fiable, plus probante et mieux communicable que la qualité. De rêveur, l'entrepreneur se fait organisateur. Il a désiré trouver de nouveaux passages vers l'Amérique, il va désormais devoir modifier ses habitudes de navigation hauturière pour tenir les longues distances. Tout, alors, devient un moyen, mobilisé comme dans une armée pour atteindre un but fédérateur. Dont le temps, qui sera le moyen souverain, sans doute la première de toutes les conditions, une composante de l'attirail organisationnel devant permettre, à force de calculs, de comptes et de décomptes, d'arriver à ses fins.

L'homme de Progrès habite en effet l'intervalle qui sépare le présent de sa réussite escomptée. Son temps à lui, c'est le temps compris dans cet intervalle, la durée que prendra l'entreprise, la longueur de l'exploration. Il s'agit de faire bon usage du temps, ce qui est également une attitude nouvelle. Car la puissance, c'est d'abord lui qui l'a, ou du moins qui veut se servir des forces de la nature, comme les capitaines des caravelles savent border leurs voiles pour profiter des vents dominants. Devenu, même fantasmatiquement, même dérisoirement, « maître et possesseur de la nature », l'homme de Progrès se rêve comme le seigneur du temps. Il en use, il le calcule, il le mesure. Bientôt, il gagnera de l'argent sur le passage du temps, grâce au prêt à intérêt et aux spéculations sur ses gains. Certaines puissances du devenir se voient ainsi asservies à l'homme, qui se veut le plus rusé et le plus volontariste.

L'INVENTION DU RESSORT À SPIRALE

La grande spirale moderne, c'est le ressort, cette invention de scientifiques métallurgistes qui tire parti de l'élasticité de certains corps. Trop universel pour être encore remarqué dans nos sociétés, il s'inspire des cordes tordues en spirales, déjà reproduites il y a dix mille ans par des peintres rupestres. Ces cordes donnent le principe : leur torsion leur permet d'emmagasiner une énergie qu'elles peuvent libérer dès qu'elles sont lâchées. Le ressort n'est pas un moteur : plié, comprimé ou déformé, il est un dispositif capable de restituer en même quantité l'énergie accumulée.

La quête de savants comme Huygens, qui invente le ressort à spirale, ainsi que des artisans, des horlogers, des premiers ingénieurs, sera de trouver les matériaux aptes à se *charger d'énergie*. Il s'agit de constituer dans la matière une réserve d'énergie potentielle. L'arc ou un simple bâton courbé en donne l'exemple le plus simple. Mais c'est évidemment la spirale qui offre la forme la plus appropriée à conserver de l'énergie, car l'effort se répartit uniformément sur chacune de ses spires. Toute la difficulté sera de trouver les bons procédés pour façonner des alliages d'acier capables de plier sans casser.

Techniquement, ces ressorts constituent l'une des grandes avancées du progrès moderne. Ils rendent possible l'horloge portable. Dans d'autres domaines aussi, ils font une différence décisive. Celui qui a voyagé dans une diligence munie de ressorts amortisseurs refuse à jamais de monter dans un simple chariot où tous les chocs de la route se répercutent dans les fesses. Le meilleur argument en faveur du progrès est souvent son prosaïsme. Les postérieurs ne sont pas sensibles à l'idéologie ; ils s'assoient là où ils souffriront le moins, voilà tout. Une fois habitués à un certain confort, ils le cherchent partout : pour eux, la régression n'est pas une option. Les décroissants doivent s'en souvenir. Si leurs arguments convainquent parfois quelques intellects, il n'est pas sûr que les corps leur soient acquis. Et les corps ne sont-ils pas les décisionnaires de l'ombre ?

Au-delà de ces considérations ergonomiques, le ressort s'impose également dans la philosophie. On associe trop souvent la mécanique à une enfilade d'engrenages interconnectés. Mais leurs entraînements ne suffisent pas à caractériser la machine moderne ; ces seuls enchaînements restent antiques, contemporains de cette spirale parfaite qu'est la vis d'Archimède. La machine moderne quant à elle suppose non seulement des engrenages, mais aussi des ressorts, c'est-à-dire des accumulateurs d'énergie potentielle. Ce point est décisif : il transforme la mécanique en une dynamique, laquelle concrétise une spéculation orientée vers le futur. Car c'est bien le futur qui est engagé dans le ressort, qui n'est jamais décomprimé qu'*en vue* d'être relâché.

Les philosophes y seront diversement sensibles. La mécanique cartésienne enregistre bien entendu l'importance de cette découverte ; le corps, pour Descartes, est une machine à ressort. Plus encore que Descartes, Leibniz offrira une place de choix à ce dispositif dans sa réflexion, en la concentrant sur la force première qui impulse le mouvement et se répercute dans toutes les autres forces. L'univers est tout entier une machine énergisée. Pas étonnant qu'il soit aussi, par excellence, le philosophe du progrès, allant dans le domaine moral jusqu'à penser que les humains sont capables de libérer la quantité *optimale* de bien dont ils sont capables. S'ils ont l'énergie de faire le bien, Leibniz ne peut tolérer qu'ils ne le fassent pas. Et de même, si l'humanité a la potentialité de progresser, il n'est pas compréhensible qu'elle ne le fasse pas. Le meilleur des mondes est celui où tous les ressorts du progrès sont harmonieusement accordés.

Sur la tombe de Leibniz, décédé le 14 décembre 1716, figurent les mots *inclinata resurget* : la courbe qui s'est infléchie vers le bas s'élèvera à nouveau. Il est difficile de savoir si ces termes, qui désignent évidemment la spirale, ont été effectivement illustrés par le dessin d'une spirale, car les versions diffèrent selon les biographes. Quelle que soit cependant l'image qui fut gravée dans le marbre d'Hanovre, les termes et l'idée qui couronnent toute une vie de recherche et de diplomatie ne laissent aucune ambiguïté : le progrès est le ressort de la civilisation, la seule énergie capable de lui donner un futur optimal.

DE L'HEURE DORÉE À L'OR DES MONTRES

Inventant l'horloge, le Moderne rompt avec une histoire fabuleuse qui reste à écrire, celle des manières de connaître l'heure dans la nature. Car c'était auparavant dans les astres, chez les végétaux et les animaux, qu'il fallait scruter l'heure. Il y a la lumière, d'abord et avant tout. Ainsi, la *golden hour*, l'heure dorée, cette courte période qui suit le lever du soleil ou qui précède son coucher, et que les photographes convoitent. Mais aussi l'*heure bleue*, entre le jour et la nuit, où le ciel s'emplit d'un bleu plus profond que jamais, tandis que les oiseaux donnent de la voix et que le parfum des fleurs s'exhale. En elle transparaît l'harmonie du soir des baudelairiens.

Tout au cours du jour, d'autres indications de l'heure sont disponibles, notamment celles données par les ombres dans leurs étirements, leurs élongations quand le soleil darde des rayons obliques, ou leur disparition lorsque le grand astre, au Zénith, les abolit au pied des corps. Les fleurs sont de précieuses alliées, par le déploiement de leur corolle au long de la journée, leur ouverture sexuelle à toutes les visites dans l'après-midi, pour finir par se replier sur elles-mêmes lorsqu'en soirée, les insectes pollinisateurs se retirent. On peut aussi connaître l'heure en suivant le mouvement des héliotropes, tournesol en tête, puis marguerites et pâquerettes. Le coq, par son chant, indique l'aube, et c'est aux poules qui rentrent que l'on connaît la fin du jour, auquel fait parfois suite le chant du rossignol.

Chaque fois, une phase spécifique de la journée est déterminée par une manifestation terrestre, végétale ou animale, que l'homme capte par ses horloges visuelles, auditives ou même olfactives. Une myriade de systèmes existe, sur lesquels nous renseigne l'anthropologie. En Chine, il paraît que certains ont coutume de lire l'heure dans les yeux des chats. Les Mores d'Amazonie, dit-on, s'imprègnent des « odeurs du temps » et fixent de cette manière les fêtes importantes, comme le Nouvel An. Savoir humer l'heure qu'il est, n'est-ce pas une compétence très précieuse ? Et est-il vrai que nous l'aurions oubliée ?

A côté de ces pratiques, on a toujours cherché des indications plus précises. Sans refaire ici l'histoire passionnante des instruments de mesure du temps que sont les gnomons, les cadrans solaires, les clepsydres, les horloges à encens, les sabliers et les bougies crantées, il faut remarquer qu'ils ont tous en commun d'interpréter un phénomène naturel régulier au moyen d'un système de codage chiffré, qui s'apparente aux heures. *Stricto sensu*, c'est avec eux que la quantité fait son entrée dans le domaine du temps.

Toute la difficulté de ces systèmes est de les synchroniser entre eux, pour produire, non pas le temps d'une personne dotée de son propre instrument de mesure, mais un temps social où les divers instruments synchronisent ensemble les membres d'une population. Car, par sa mesure, le temps se met au service du groupe, qui peut dire quand s'arrête une activité, quand en commence une autre. Le terme « campagne », de l'italien *campo*, provient du *campana*, ce clocher qui résonne à intervalles réguliers à travers les champs et donne aux paysans des indications utiles. De même, dans les monastères, le chant des cloches indique le retour à la vie commune, après que les moines ont pu vaquer à leurs prières ou à leurs bières. La manifestation du temps mesuré, c'est toujours le surgissement de l'autre qui, comme un réveil, sort l'individu de son temps spontané pour lui rappeler qu'existe un temps socialement programmé.

Toute mesure de l'heure est ainsi une quantification et une programmation du temps. On peut avancer que le temps n'existe pas en soi, mais qu'il n'y a que des rapports au temps, qui sont chaque fois des temps nouveaux. Il en va ainsi pour l'horloge, symbole de la maîtrise moderne du temps, qui va infléchir la conception du Progrès. Avec elle, « avoir le temps » prend un sens nouveau. L'avoir, c'est le mesurer, le chiffrer, se le faire indiquer et, progressivement, le porter sur soi, en gousset, en pendentif ou en bracelet.

Ce luxe est d'abord réservé aux Grands. La confrérie des mécaniciens horlogers fut, du XIIe au XVIIIe siècle, l'élite d'un artisanat spéculatif qui produisit certaines des œuvres les plus admirables dont fut capable l'homme. Pour offrir le temps à leurs commanditaires, ils devaient matérialiser en un instrument unique des recherches mathématiques sur les relations entre mouvement et durée, des investigations mécaniques sur la cinétique des engrenages et la sauvegarde des énergies potentielles par le foliot, et des avancées dans la technologie des aciers légers et robustes dont on fait les ressorts. C'est la convergence de ces lignées expérimentales qui fit l'horlogerie, laquelle cultiva le souci des belles œuvres, et ne livra ses instruments que parés des plus fins atours.

Recevoir le temps serti d'or ou d'argent de ces maîtres horlogers était une distinction qui se payait très cher. Nul n'ignorait que cet avoir donnait un pouvoir. Entre ceux qui pouvaient connaître l'heure et les autres, la foule des *achrones* qui n'avaient pas le temps, un fossé était creusé. Celui qui a l'heure commande, non seulement dans les ateliers et les fabriques, mais aussi sur les places et dans les institutions. Naquit alors ce que l'on n'avait jamais connu : une aristocratie instrumentale. Il y en eut des guerrières, des religieuses et des politiques ; il exista des aristocraties du savoir, de la pratique ou de l'outil. Mais une distinction sociale liée à la possession d'un instrument mécanique, voilà qui était neuf et fit de ce nouveau mode de possession du temps un point de bascule dans l'histoire de la civilisation. Désormais, mesurer l'heure serait un avantage concurrentiel. Toute notre civilisation reste l'héritière de ce nouvel état d'esprit, à ceci près qu'aujourd'hui, ce sont les ordinateurs et les écrans qui donnent cet avantage à ceux qui les détiennent.

En sus de son rôle originaire de donner l'heure, l'impact de l'horloge sur le développement de la civilisation du Progrès concerna aussi la connaissance et le travail, deux domaines qu'il bouleversa.

MESURER LE TEMPS, CONNAÎTRE LE MONDE

À la connaissance, l'horloge apporte le modèle mécanique. Basé sur l'enchaînement des causes et des effets, sur les jeux de forces et les transferts d'énergie par ressorts et engrenages, ce modèle est matérialiste et expérimental. Appliqué à la nature, il produisit une révolution. Plutôt que de supposer des intelligences particulières dans chaque organe du corps, ou des qualités occultes à la mode aristotélicienne, il fallait plutôt s'appliquer à analyser les causes matérielles, et à répertorier leurs effets. L'horloge devint la métaphore par excellence de la Modernité. Le monde y est vu comme une grande horloge, et Dieu comme le Grand Horloger, ce qui conduisit à progressivement se passer de ses services, car les bonnes montres n'ont pas besoin d'être souvent remontées ni réajustées. Les mécaniciens ne croient pas aux miracles. Ils sont les plus sceptiques de tous les artisans, ceux pour qui il n'est jamais possible de *faire semblant*. Leur mentalité, acquise sur les bancs de leurs ateliers, l'œil plissé sur leur loupe, les doigts précis malgré les morsures du métal, est celle de laïcs du temps, de la matière et de l'énergie.

Par un phénomène de contagion, explicable par la nouveauté de ces horloges, cette mentalité gagna les milieux intellectuels, rejoignit certaines forces sceptiques – même si l'on trouvait dans l'Église d'excellents horlogers et que des cardinaux comme des rois furent grands collectionneurs de montres – et se propagea lentement dans la société entière. L'heure de l'incroyance avait sonné. Puisque l'homme avait pu mesurer et disposer du temps, il se mit à penser qu'il pouvait en faire de même pour le reste de l'univers, dont les procédés sont moins métaphysiques que ceux du temps.

La culture de la quantité agit ainsi comme une disqualification du monde des qualités. Pour la connaissance, le phénomène est clair : mathématiser le monde, c'est d'abord mettre entre parenthèses ses qualités sensibles, avant qu'elles ne puissent revenir, réinterprétées en tant que qualités artificielles[1]. Or le procédé est similaire pour ce qui est du temps. Le temps quantifié est uniforme. Toutes les minutes se valent ; pour l'horloge comme pour le sablier, toutes les secondes sont semblables. Aucune saillance n'existe dans le temps mesuré, aucune singularité. Les moments exceptionnels, les *kaïros*, les occasions, les événements, les ennuis et les répétitions, sont laissés de côté. La mesure du temps contraint à faire le ménage et à évacuer ce qui pourrait rappeler son origine subjective spontanée.

Le temps moderne est ainsi dépsychologisé, et même désexistentialisé, en un mot : il est objectivé. Le gain fut immense pour la Modernité, car seul un temps objectivé permet de fonder une pratique. Mais la perte de la qualité de temps fut tout aussi grande, comme Baudelaire l'a ressenti face à une horloge qu'il qualifie, dans le poème qui porte le même nom, de « dieu sinistre, impassible, dont le doigt nous menace et nous dit : souviens-toi ! »

1. Voir à ce sujet le *Traité des libres qualités*.

MÉTIER OU TRAVAIL ?

Après la connaissance, c'est le travail que l'horloge contribua à modifier en profondeur. Nous restons les héritiers de cette révolution qui s'inscrit dans la civilisation du Progrès, bien qu'elle n'en soit pas toujours un. Difficile de dire que cette intrusion du temps dans le monde du travail fut uniquement bénéfique, car elle est la cause d'aliénations dont on tente encore de sortir.

Les liens entre le temps et le travail étaient à l'origine fondés sur une prédominance du travail et sur une relative non-ingérence du temps dans la vie des professions. La raison, simple, était la discrétion du temps, causée par la rareté des instruments de mesure. Si les métiers ne pouvaient être chronométrés, c'est d'abord parce que le chronomètre n'existait pas. Dans ces conditions, le travail générait de lui-même son propre rythme. Quand un paysan devait faucher un champ, il ne savait pas *a priori* combien de temps la tâche lui prendrait. Il pouvait bien sûr l'estimer, mais aucune mesure stricte ne venait contraindre son activité, et, surtout, personne ne lui imposait de tenir si précis tel délai.

Cette indépendance du travail par rapport au temps est une clé précieuse de compréhension à la fois de la grandeur de l'activité et de sa possible aliénation. On pourrait nommer *métier* le type d'activité où le temps ne commande pas, et réserver le terme *travail* aux tâches régulées par des contraintes temporelles. Dans le métier, le temps n'est pas central. L'homme d'expérience se laisse dicter sa temporalité par la situation qu'il rencontre et par la manière dont il pourra intervenir. Le médecin sait que certains patients lui demanderont de longs traitements et des explications détaillées, tandis que d'autres réagiront et comprendront vite. De même, un écrivain ne s'impose ordinairement pas d'écrire une page sous contrainte horaire. Tout dépend du sujet, de sa forme, de sa méditation préalable. Certaines de ses idées viennent au fil de la plume, d'autres ont été longuement ressassées.

Quand il est concentré, l'homme de métier peut connaître une sorte de fusion entre ses capacités opératoires et ce que la tâche réclame. Ayant enjambé l'ordinaire scission réflexive entre le sujet et l'objet, il vit dans ce qu'il fait comme ce qu'il fait vit en lui. Ces moments peuvent être l'occasion d'intenses bonheurs, qui font de l'activité un trésor. La pianiste, tout entière à sa sonate, l'alpiniste, dans son face-à-face avec la paroi, ne voient pas le temps passer. Ils ne comptent pas, ils œuvrent. Des psychologues, à la suite de Mihali Csikszentmihalyi, ont nommé ces moments des états de *flow* pour exprimer que le flux de conscience était alors tellement accaparant, si intense et valorisant, qu'il dopait l'efficacité en abolissant tout ce qui n'était pas pertinent. Le temps cesse d'exister, les questions ordinaires ont été évacuées, le quotidien aboli. C'est quand on regarde sa montre que le charme est rompu.

Or c'est dans ce contexte où prime le métier, qui est absorption de l'homme en l'œuvre, que survient l'horloge. Elle s'y installe en fonctionnant comme un ordre masqué. Il faudra dorénavant que telle tâche soit accomplie en autant de minutes. Sur une chaîne de montage, le carburateur devra être vissé en autant de secondes ; et de même, l'infirmière disposera d'autant de minutes par patient. Le temps sait se faire impérieux. Taylor théorisa son pouvoir et comprit qu'avec lui et grâce aux gratifications financières qui peuvent l'accompagner, il deviendra possible d'accélérer la cadence des ouvriers dans les usines.

La noblesse du métier, alors, se fit plus rare. C'est comme si l'on n'était plus maître à bord et qu'un tiers, par le truchement du temps, était venu pour ainsi dire mettre son nez dans nos affaires, en édictant une durée tolérée. Ce temps-là est celui d'autrui – et aussi celui de l'argent. C'est le temps qui, sous couvert d'uniformiser les choses et de faciliter la tâche, enlève au métier beaucoup de son intérêt, qui est de s'y confronter à ce qu'on est et de révéler à soi-même ce que l'on peut, et non de se transformer en un bon petit soldat du temps, comme des millions de salariés le sont devenus.

La réforme du travail qui doit être pensée passera nécessairement par un nouveau rapport au temps, qualitatif plus que quantitatif. Dans nombre d'activités, qu'importe si l'individu passe dix, quinze ou vingt minutes à telle tâche ! L'important, c'est qu'il le fasse bien et avec contentement puisque travailler, selon la meilleure définition que l'on peut en donner, c'est se fatiguer avec plaisir. Mais cet affect positif, à l'exception des cas où le temps fait réellement partie du jeu (comme pour les urgentistes, les traders, les sportifs de compétition...), ne viendra que rarement d'une contrainte temporelle supplémentaire, dont on a dit l'artificialité puisqu'elle n'est pas consubstantielle à l'activité elle-même. En somme, il s'agit de savoir faire confiance et de responsabiliser. Quand on y parvient, l'horloge n'est pas nécessaire et ne doit pas dominer comme un garde-chiourme toutes les activités.

ACHETER LE TEMPS

Le travail ne structure pas tous les temps de la même manière. Certaines contraintes sont violentes et stressantes, d'autres ne s'imposent aux journées qu'en respectant leur souplesse et une partie de leur liberté. La gamme est large, entre les activités où la surveillance concerne chaque minute, comme sur une chaîne de fabrication, à la caisse d'un grand magasin ou devant un ordinateur équipé de logiciels de contrôle, et celles qui sont évaluées au résultat, laissant le choix des moyens et de la durée, ce que permet encore mieux le télétravail.

Cette programmation du temps des individus ne se fait toutefois pas sans contrepartie. L'individu n'accepte de donner son temps, et de le voir programmé, qu'à la seule condition d'être rétribué pour ce temps fourni. C'est alors que l'argent intervient : le contrat, conclu entre des individus libres, permet d'échanger du temps contre de l'argent. Car le temps n'est pas gratuit ; il a une valeur, excepté pour l'esclave qui ne possède pas son temps. Cette valeur est le centre de tout l'édifice. À qui cherche la préoccupation numéro un dans le monde du travail, il faut répondre qu'elle est de déterminer quelle quantité d'argent permet d'acheter le temps programmable des individus, selon leurs formations et leurs contributions.

Si la loi l'accepte, la philosophie, elle, ne peut que constater que ce contrat est déséquilibré. Du temps contre de l'argent, c'est pire que des pommes contre des poires. Les deux parties de l'équation sont de nature différente. Le temps dont il est question n'est pas qu'une simple quantité, qui équivaudrait à une quantité monétaire : il est le temps de l'individu, le seul qu'il a, la seule chose en définitive qui lui permet d'exister.

Cela n'est pas rien, cette qualité du temps qui s'ajoute à sa quantité ; la donner participe d'une générosité métaphysique. Lorsque l'on entend un salarié dire, en fin de carrière : « J'ai donné quarante ans de ma vie à cette entreprise », on prend toute la mesure d'une telle offrande. Il a fait, littéralement, présent de son présent. Face à cela, il est difficile de penser que l'argent reçu en contrepartie fasse jamais le poids. Le temps est concret, existentiel : il est une qualité ajoutée à une quantité. L'argent est abstrait, circonstanciel. Il est certes nécessaire, indispensable, capital même, et à bien des égards désirable, mais il restera toujours en extériorité avec le cœur de l'existence car il n'est que quantitatif. On dit bien que l'argent n'a pas d'odeur, tandis que le temps concerne l'intimité même de l'individu. On n'emporte pas sa carte de crédit au crématorium ; on n'y brûle que la matière qui fut traversée par du temps révolu. L'asymétrie est donc un déséquilibre. La différence de nature entre le temps et l'argent génère comme une injustice métaphysique : le tissu temporel de l'être même ne peut s'acheter.

Cette injustice métaphysique ne doit pas déboucher sur une condamnation de l'argent, qui serait sale ou dégradant. Il y a là une condamnation dogmatique qui ne convient pas à ce qui est un moyen. Être contre l'argent n'a pas plus de sens que d'être contre la technique. C'est mal poser la question, qui interroge plutôt la liberté, l'équité, la juste redistribution et l'indécence, parfois, de certains mécanismes.

Au-delà de ces questions fondamentales, l'injustice de l'équation qui formalise l'échange du temps contre de l'argent concerne la reconnaissance. Car si l'argent ne suffit pas à payer le temps, il faut que ce temps d'activité parvienne à se rétribuer lui-même, par ses propres moyens. Après tout, ce temps est le temps de la personne, qui en est le premier responsable, et le seul dépositaire. C'est pourquoi la notion de reconnaissance joue un rôle déterminant. On a souvent tendance à l'attendre des autres, mais la première reconnaissance est une auto-reconnaissance, c'est-à-dire une satisfaction vis-à-vis de sa propre activité. C'est la conviction que le temps donné à tel emploi ne l'est pas en vain, mais qu'il enrichit son existence et contribue à lui donner un sens, qui vient gratifier de manière incommensurable la personne qui travaille.

Du point de vue de l'organisation du travail, ce qui est déterminant est alors de créer les conditions pour que cette satisfaction puisse naître. C'est une question fondamentale que chaque employeur devrait se poser : est-il possible que quelqu'un *aime* le travail que je lui donne à faire, dans les conditions prescrites ? Quelqu'un, bien sûr, de bonne foi et probe, qui n'instrumentaliserait pas chaque difficulté pour nourrir le procès du « système » ; quelqu'un qui aurait compris que l'auto-reconnaissance est d'abord une question de responsabilité individuelle. Si la réponse est négative et que, décidément, personne ne peut aimer ce travail, alors l'urgence est de faire évoluer ses conditions ou sa rémunération pour que cela puisse devenir le cas. Toute réforme du travail doit impérativement poser ce genre de questions, en apparence simples.

C'est dans un deuxième temps, après l'auto-reconnaissance, que vient la demande légitime de reconnaissance. Elle est la seconde manière de rééquilibrer l'équation dissymétrique entre la qualité du temps et la quantité de travail. Que l'activité ait du sens aux yeux de l'autre, voilà la réclamation, qui revient en somme à demander d'être considéré comme un humain qui donne son bien le plus intime. L'expression proverbiale selon laquelle tout travail mérite salaire comporte donc un second volet : *tout temps consacré mérite respect.*

SUBLIMONS !

Le plus extraordinaire est qu'une série d'activités humaines se servent du temps pour l'abolir. Elles ont en vue, par leurs préparatifs et leurs prévisions, la création d'un moment d'éternité où le temps serait oublié, et qui resterait comme une parenthèse de choix.

C'est le cas de la cuisine : elle impose de réfléchir en séquences, en phases et en temps de cuisson. Mais son but, après avoir tellement tiré profit du temps, est d'offrir un repas où l'on ne verra pas le temps passer – sans quoi l'on dira le dîner raté. Il en va de même pour le cinéma. Les longs mois et souvent les longues années de réflexion, d'écriture, de tournage, puis de montage et d'étalonnage, activités qui connaissent la valeur d'une seconde, ont en commun de vouloir aboutir à la création d'une œuvre hors du temps, qui captera si bien l'attention que l'on perdra presque conscience de qui nous sommes pour devenir tout entier spectateur. De même encore pour un architecte ou pour un jardinier : tant de temps pour abolir le temps dans la contemplation d'un résultat qui le sublime !

Car la clé est ici le procédé de sublimation : il s'agit de passer à l'étage supérieur où l'on est absorbé dans l'œuvre et dans ce qu'elle peut, à sa manière, avoir de sublime. L'abolition du temps, n'est-ce pas le secret caché de toute grande œuvre humaine ? Se servir du temps pour tuer le temps : n'est-ce pas la meilleure manière de se détourner des mauvaises nouvelles de la finitude, et de faire mine d'oublier Saturne le fâcheux ?

Le temps a ainsi ses alchimistes, capables de le transmuer. Du plomb des heures qui passent, il tire l'or de la contemplation, de l'amitié ou de la création. Sans doute est-ce ce qu'André Breton avait en vue lorsqu'il exprimait le désir de voir gravés sur sa tombe du cimetière des Batignolles les termes de sa quête : « Je cherche l'or du temps ».

LA SPIRALE PENCHÉE DE TATLIN

Étrange quête que celle de Vladimir Tatlin, peintre et sculpteur constructiviste soviétique, qui toute sa vie chercha les formes exprimant au mieux la conception bolchévique du progrès. À Moscou, il commence une carrière remarquée, vouée à la destruction de l'art de musée, et à la construction d'un nouveau monde, celui dicté par le régime.

En 1919, il dessine le plan de son projet le plus connu : une immense tour de fer, de verre et d'acier qui monterait à 400 mètres de haut – dépassant la tour Eiffel de 75 mètres – au centre de Leningrad, enjambant la Neva. Le projet est resté célèbre sous le nom de Monument à la Troisième Internationale. Tatlin le voyait comme emblématique du communisme, emmenant dans sa spirale les prolétaires de tous les pays et résolvant tous les conflits par son pouvoir ascensionnel. Car la spirale est bien la matrice architecturale du projet, comme l'atteste une série de maquettes réalisées d'après ses plans, dont l'une est visible à la Royal Academy de Londres.

À la base de l'édifice aurait dû se trouver un immense cube capable d'accueillir tous les dignitaires du Parti, et opérant une rotation sur lui-même en un an. Le symbole est clair : cette rotation longue et panoptique des représentants du peuple imprime – de manière totalitaire, faut-il le dire – la dynamique qui se répercutera dans toute la spirale. Puis, un étage plus haut, un cône pour les activités de gestion, exécutant sa rotation en un mois ; au-dessus encore, un cylindre technique d'où les médias de l'époque auraient diffusé une propagande dont le nom local était *pravda*, devait opérer une rotation plus rapide, en un jour seulement.

Autour de ces bases solides, le fer courbe commence sa longue ascension en déployant ses spires convergentes vers le ciel. Comme la lanterne en spirale de l'église de La Sapienza à Rome, dessinée par Borromini au début du XVIIe siècle, l'édifice s'élève à la verticale, en s'évasant de manière à indiquer une transcendance vers laquelle tout devrait converger. L'inspiration hégélienne est flagrante et revendiquée à travers le prisme de la lecture marxiste : pour Hegel aussi, l'histoire converge vers l'Esprit en résolvant la contradiction des thèses et des antithèses. Toujours plus haut, toujours de manière plus concentrée, la construction reste finalement conique : elle pointe vers une transcendance supraterrestre, comme tous les clochers et tous les minarets.

Mais Tatlin ne pouvait si explicitement imiter l'architecture religieuse, ce qui aurait été reconnaître que l'idéologie pour laquelle il travaillait remplaçait seulement un dogme par un autre, conservant les structures tout en changeant le lexique. Faire du Borromini à Leningrad en remplaçant la croix chrétienne par l'étoile rouge n'était pas la bonne mise en scène de la rupture qu'il revendiquait. C'est pourquoi il eut l'idée de diriger l'axe de sa spirale vers l'étoile polaire, montrant que sa cartographie céleste était astronomique plutôt que théologique. Ce faisant, il prévoyait de construire un bâtiment désaxé, penché comme une tour de Pise moderne, dont ses calculs de stabilité auraient pu certifier qu'elle *ne tomberait pas*.

Le Monument à la Troisième Internationale n'ayant jamais été construit, nul ne peut attester la véracité de sa prédiction. On ne peut s'empêcher de rappeler que du mur de Berlin également, de nombreux commentateurs avaient affirmé qu'il ne *tomberait jamais*. De même que l'Union Soviétique…

Francesco Borromini, Lanterne de l'église Sant'Ivo alla Sapienza, Rome, XVIIe siècle
© Istock/Gloria Imbrogno

Vladimir Evgrafovich Tatlin, *Monument à la Troisième-Internationale*, lithographie, Musée national d'architecture Shchusev, Moscou, Russie, 1919-1920

LA DOUBLE HÉLICE DU PROGRÈS UTILE ET SUBTIL

Comme la lanterne de Borromini, le monument de Tatlin se rétrécit à mesure qu'il monte : de spire en spire, la courbe converge vers le sommet, qui est aussi la figuration d'une ascension désirée. Les contraintes gravitationnelles expliquent en partie que ce type de spirale ait été privilégié. De même qu'il n'est pas prudent pour un architecte de faire reposer une pyramide sur son sommet, offrant sa base au ciel, de même est-il téméraire d'imaginer un bâtiment débutant par de petits tours spirées qui s'élargissent progressivement, donnant une impression d'évasement et d'ouverture.

La réflexion n'étant pas soumise quant à elle aux contraintes de la gravitation, on peut cependant rappeler que pour figurer un progrès, les deux tendances ont des significations très différentes.

Soit l'on pointe vers un futur unique, et alors la spirale qui, au début, est large et rassemble tout ce qui est divers, se restreint progressivement, s'épure et culmine dans ce qui était visé depuis toujours. Ainsi le clocher ou la tour de Tatlin. Ainsi de Hegel, pour qui il y a une synthèse finale, comprenant la diversité des thèses et des antithèses.

Soit, au contraire, on a l'idée de partir plus modestement, d'imaginer des spires de petite taille, qui avec le temps et la puissance du devenir, s'élargissent, touchent de plus en plus de domaines, et finalement s'ouvrent toujours davantage. Dans ce cas, le sommet est en bas, et l'ouverture, toujours en déploiement, en haut. Au progrès finaliste, celui qui depuis le début sait ce qu'il cherche et vers quoi il vise, s'oppose ainsi le progrès ouvert, dont l'intrinsèque tendance au déploiement est une dynamique propre plutôt qu'un désir obsessionnel de rejoindre l'unique.

Les formes finalistes du progrès ont semblé devoir tempérer leur désir de convergence face à la multiplicité des modes de vie, des disruptions techniques et des contradictions ; l'accroissement vertigineux de la démographie et le multiculturalisme ne s'accordent absolument plus avec l'idée d'un progrès finaliste. Si la notion veut encore dire quelque chose – et l'enjeu sera de le vérifier –, ce serait de manière ouverte, capable de se déployer toujours plus à la manière d'un cône inversé.

Cette ouverture doit prendre en compte la tension qui caractérise le progrès, laquelle fut très visible au début de la modernité. On a relevé deux aspects au progrès moderne : un versant psychopolitique, où s'affirment la liberté de s'inventer un futur ainsi que l'idéal démocratique, et un versant technoscientifique, avec notamment le ressort, l'horloge, et ses conséquences. La conviction inaugurale des Modernes est que ces deux dimensions se complètent et s'appuient l'une sur l'autre. Les aspects matériels doivent soutenir les dimensions psychopolitiques, tandis que ces dernières doivent aussi retentir de façon *méliorative* sur l'usage des techniques. En somme, les deux branches du progrès devraient idéalement toujours rester solidaires, et l'ensemble former comme une double hélice, à l'image de l'ADN.

C'est une telle représentation qui est en crise. Pour beaucoup, cette double hélice est un leurre. Nombreux sont ceux qui considèrent que seules les dimensions technoscientifiques du progrès ont été développées, dans une alliance inédite qui a pour nom technocapitalisme, tandis que l'aspect plus humain et politique du progrès aurait été laissé pour compte, voire connaîtrait un épisode réversif et régressif. Si le progrès technique est une évidence, le progrès humain qu'il devrait servir reste une interrogation.

La double hélice est un modèle problématique ; la coprésence d'une composante matérielle et d'une composante politique n'est pas toujours attestée. L'exemple de la Chine en témoigne : nonobstant une dynamique de progrès matériel largement calquée sur l'Occident, la branche psychopolitique est très éloignée du standard des démocraties libérales. L'idée d'une répercussion univoque des avancées d'une branche sur l'autre est illusoire : des réseaux sociaux très performants sont compatibles avec une dictature tout aussi performante selon ses propres critères. Ce constat n'entame cependant pas l'optimisme de ceux qui considèrent la double hélice comme le *moins pire* des modèles progressistes, puisqu'il est fort possible que les développements matériels suscitent une contestation grandissante du régime communiste liberticide. Les militants chinois des droits de l'homme ne disent pas autre chose : à quoi sert-il d'avoir des réseaux sociaux si l'on ne peut s'y exprimer à sa guise ? Et finalement, à quoi sert la relative égalité d'accès à l'approvisionnement sans la liberté de choisir ? Un jour ou l'autre, pensent-ils, se produira un rattrapage démocratique grâce auquel les idéaux politiques progressistes des Lumières pourront s'affirmer comme la deuxième branche d'une hélice qui reste aujourd'hui incomplète.

À cette version optimiste, les déclinistes occidentaux répondent par le thème des désillusions du progrès, qui est presque aussi vieux que celui du progrès. « A l'idole du Progrès répondit l'idole de la malédiction du Progrès : ce qui fit deux lieux communs », notait Paul Valéry dans ses *Propos sur le Progrès*. Selon eux, seuls les aspects matériels et scientifiques ont triomphé, le progrès technique laissant la société en plus mauvais état qu'il l'a trouvée, et lui réservant au reste une crise climatique majeure. Il n'y a donc pas de raison de pavoiser. Comme si la quantité de progrès devait toujours rester constante et obéir au principe archimédien des vases communicants, les avancées d'une part se paient de régressions symétriques, en sorte qu'il n'y aurait jamais qu'une stagnation avec des excitations diversement réparties et des dépressions corrélatives.

Le nouveau schème temporel du Délai que relaient les théoriciens de la catastrophe se nourrit de cette désillusion. Sur la question de l'écologie et du climat, leurs arguments sont forts et, souvent, attestés. Mais il reste à savoir si la dimension psychopolitique est effectivement aussi enrayée que le disent les plus pessimistes. Si l'on veut prendre du recul historique et considérer les aspects juridiques et institutionnels de nos sociétés, dans les domaines de l'égalité homme-femme, y compris salarial, de la protection des minorités, de l'accès à l'information, de l'éducation, du savoir, de la liberté d'orientation sexuelle, de l'accès aux soins de santé, de l'anti-autoritarisme, de l'antidogmatisme et de l'intolérance à la cruauté, les progrès les plus réels ont été enregistrés en un demi-siècle. Ces évidences suffisent à contester la conviction dépressive et dépréciative d'une panne générale de la *double* hélice du progrès. Les dimensions psychopolitiques ne sont pas toujours en reste, loin de là.

Il demeure que le triomphe de la technique à l'ère de l'Hypertemps rend le couplage des deux branches de la double hélice très fragile. Il est pourtant essentiel : à côté d'un progrès utile, technique, il importe de faire exister un progrès subtil, le mot désignant les trames fondamentales qui nous relient socialement et affectivement les uns aux autres, ainsi qu'à l'environnement. Le subtil, c'est le domaine de la qualité, de ce qu'il s'agit de soigner, et, en définitive, de ce qui nous importe. Sans progrès subtil, tous les déploiements de l'utile sont vains, car il manque l'essentiel : ceux pour qui toutes ces dynamiques existent et sont entretenues.

La quête reste bien celle d'une double hélice entre progrès utile et progrès subtil. Mais à l'ère où dominent les nouveaux schèmes temporels de l'Hypertemps et du Délai, est-elle encore envisageable ?

Hypertemps

OMNIPRÉSENCE DU TEMPS

Six heures réveil, 6 h 15 douche, 6 h 30 café, 6 h 50 voiture, 7 h embouteillage, 7 h 15 embouteillage et radio, 7 h 30 école, 8 h 15 radio et embouteillage, 8 h 30 bureau, 8 h 32 discussions, 8 h 40 ordinateur, 8 h 42 mail, 8 h 49 mail, 8 h 50 mail, 8 h 55, 9 h 03, 9 h 07, 9 h 22, 9 h 32, 9 h 37, 9 h 43, mail, mail, mail, 9 h 50 café, 10 h réunion, longue réunion, temps perdu, 11 h 30 ordinateur, divers, 12 h 13 mail, 12 h 23, 12 h 28, mail, téléphone, 12 h 30 déjeuner, achat d'un nouveau casque, 13 h 30 ordinateur, 14 h réunion, 14 h 30, 14 h 34, 14 h 42, 14 h 56, 15 h 02, 15 h 39 sursaturation, mail, téléphone, mail, 16 h café, 16 h 15, divers rangements, 16 h 30 rédaction d'un rapport, 17 h 23 mail, 17 h 31, 17 h 39, 17 h 52, mail, 18 h arrêt de l'ordinateur, 18 h 12 embouteillage, 18 h 24 école, 18 h 45 récupération enfant, 19 h 30 maison, 19 h 35 télé, 19 h 38 mail, 19 h 48 mail, 20 h repas, 20 h discussion, 20 h oubli, 20 h 49 téléphone, 20 h 54 mail, 21 h téléphone, 21 h 20 coucher enfant,

21 h 43 télé, 22 h 12 extinction télé, 23 h 22 extinction générale. 4 h 21 insomnie.

Toute ressemblance avec quiconque étant bien entendu fortuite, tels sont les rythmes ordinaires d'une journée dans l'hypertemps contemporain. L'heure y est partout, sans cesse rappelée, affichée sur des écrans de tout format, toujours précise. Parmi les caractéristiques majeures de cet hypertemps, la première est son *omniprésence*. Son incessante répétition par des instruments et médias, la plupart digitaux, produit un quadrillage très serré des journées. Le temps se dit, se lit, se rappelle ; il existe et insiste, comme si notre société voulait à tout prix conjurer ce qui serait pour elle impensable : l'oubli du temps. Cette omniprésence s'apparente à un culte inconscient rendu à un temps artificiel, les rythmes naturels étant, quant à eux, de plus en plus masqués.

La deuxième caractéristique de l'hypertemps est qu'il est *quantitatif*. Une minute vaut une minute, qu'elle soit futile ou déterminante. C'est, pour tous, la quantité chiffrable de temps qui importe et où se mesure souvent la valeur relative d'une action. Plus grande est la somme des minutes investies dans une tâche, plus haute est souvent son importance. Le goût très prononcé pour le numérique accroît ce calcul constant où se déchiffre en même temps la convertibilité du temps en argent, qui est un des piliers du technocapitalisme. Dans cet hypertemps, ce que serait la qualité d'une heure – l'or du temps, pour parler comme André Breton – n'est pas une question prioritaire.

La troisième caractéristique de notre organisation temporelle contemporaine est que la présence du temps y est souvent vécue comme une *injonction*. Le temps s'accompagne du rappel constant des actions encore à accomplir. Il ordonne d'accélérer la cadence, il impose d'évaluer le degré d'urgence, il objective le nombre des retards. Suivant l'horloge garde-chiourme de l'hypertemps, la course n'est jamais assez rapide, les journées n'ont pas assez de secondes. Les heures sont pour nos existences comme des lits de Procuste : il faut en retrancher une partie pour que nos désirs parviennent à s'y loger. Dans ces circonstances, *avoir le temps* n'a jamais été aussi problématique.

Ensuite, le temps commence à se décompter plus qu'il ne se compte. Les GPS qui estiment une heure d'arrivée, les ordinateurs qui prévoient la durée d'un téléchargement et indiquent le temps restant, fonctionnent selon un *temps à rebours*. Ces pronostics précis et souvent exacts traitent la durée à l'envers, en montrant combien de minutes il faut encore épuiser, ou d'heures passer, pour arriver au résultat. L'incontestable avantage pratique de ces dispositifs, qui se généralisent à mesure que les algorithmes informatiques régissent de nouvelles sphères d'activité, obligent l'humain à s'habituer à un mode de calcul qu'il fuit d'instinct. Car ce que signifie le « temps restant » n'est que trop clair, et décompter les jours, en termes existentiels, ne va pas sans un certain goût macabre. C'est pourtant ce calcul à rebours qui se répand, parce que l'horloge interne des ordinateurs est programmée pour calculer avant toute chose la longueur d'une action, afin surtout de l'optimiser.

Enfin, l'hypertemps est celui de l'*immédiateté*. On apprenait naguère un geste pour une vie, on plantait un olivier pour un siècle au moins, on bâtissait des cathédrales pour l'éternité. Actuellement, l'usage privilégie les temps brefs, les projets révisables, les résultats rapides. Les périodes d'essai sont courtes et même les idées se périment vite. Dans l'immédiateté, le futur ne peut pas être plus loin qu'un jet de pierre. On resserre le temps, on écourte les processus, on avance le terme et on intensifie les instants qui nous en séparent pour que toute la séquence soit ramassée en un laps suffisamment bref pour être contrôlable. Le présent règne en maître.

Les protagonistes de l'immédiat sont semblables à des lutteurs : action contre réaction, de manière presque réflexe, sans cette médiation qui est celle de l'esprit. Car l'immédiat n'est pas médié par les temps longs de la réflexion, par cette incubation des idées qui peuvent résonner avec l'être profond et ses aspirations, et qui ont le loisir de se déployer lentement pour finalement revenir solides et libérées des contraintes de l'actualité. Le temps de l'esprit est un temps long, ce qui ne veut pas dire qu'il ne soit pas vif. Par contraste, l'immédiateté, plus efficace, est aussi moins consciente. Elle réagit plus qu'elle ne décide.

Omniprésence du temps, vision quantitative, injonction, compte à rebours et immédiateté sont les cinq caractéristiques de l'hypertemps contemporain. Celui-ci n'est pas le temps lui-même. Il est le schème contemporain qui régit le temps : une projection sur le sablier et sur le temps spontané d'habitudes mentales et de modes d'action propres à notre époque. L'hypertemps s'impose ainsi à ce Grand Neutre que l'humain cherche constamment à organiser. Le temps est comme un œil fermé que l'on ne se lasse pas de scruter et, faute de savoir ce qu'il est, de régenter avec des surinterprétations psychologiques et sociologiques.

PRÉSENTIFIER

L'Hypertemps obéit à un schème d'un genre nouveau, tout entier focalisé sur le *présent*. L'instant et l'actuel s'y montrent dominants, au contraire du Destin qui enracinait l'expérience dans le passé des origines et du Progrès qui se nourrissait d'un élan vers les futurs désirés. Le monde de l'hypertemps est un monde d'expérience, soutenu et enrichi par des techniques évoluées qui ont la capacité de *présentifier*, c'est-à-dire de rendre présent, ce qui, en d'autres âges, aurait tout juste pu être évoqué. Dans l'hypertemps, même si c'est sous forme virtuelle et à travers un écran, ce qui est réel est ce qui est *là*, disponible, convocable, consommable ou à tout le moins visible. C'est un monde prosaïque, matérialiste, qui ne s'en laisse pas conter au sujet des chimères invisibles et qui est revenu désillusionné, et parfois ensanglanté, de ses escapades futuristes dans des utopies invivables. On y vit au rythme des actualités et des réseaux, des horaires, des écrans et du télétravail, oubliant vite, imaginant par procuration, mais bénéficiant d'une expérience fantastiquement *élargie* du monde.

L'homme de l'hypertemps est déjà le bénéficiaire de la réalité augmentée. Ce qu'il voit, ce qu'il touche ou ce qu'il vit est susceptible, grâce aux prothèses numériques, de susciter un nombre considérable de commentaires et de comparaisons qui en rendent la présence plus commune, plus partageable. Chacun dans sa bulle et chaque bulle dans un temps, tous ne vivent que le présent de leur flux de conscience, sorte de *hub* psychique où défilent et s'entremêlent des ressentis, des idées, des informations, des actions, des divertissements. Toute cette expérience, infiniment plus riche que celles que les civilisations anciennes ont imaginé, se joue dans un long présent, qui n'a plus souvenir d'avoir rompu avec le passé, et tient trop à ses acquis pour imaginer la table rase d'une révolution.

Certes, on le verra assez, ce présent prête le flanc à bien des critiques. On peut le dire inauthentique, aliéné, illusoire ou ennuyeux ; on peut convoquer en cortège le syndicat philosophique de défense d'un autre monde et lire sur leurs calicots les dénonciations les plus indignées. Mais encore faut-il, avant de soupeser leurs arguments, comprendre que jamais dans l'histoire de l'humanité un tel processus fabuleux de présentification n'a eu lieu.

Ici encore, l'expérience du confinement, qui aura été philosophique à bien des égards, a permis d'ouvrir les yeux et de regarder autrement nos vies. D'être assigné à domicile et de ne pouvoir se contenter que de quelques kilomètres quotidiens de dégourdissement dans le quartier, a été en effet, pour une grande partie de nos aïeux, l'expérience la plus commune. Le village voisin n'existait que pour les rares écoliers, travailleurs ou marchands nomades qui devaient s'y rendre. Pour les autres, l'idée de circonscription géographique était à prendre au pied de la lettre : une sorte de cercle invisible délimitait le champ du possible, dans lequel n'entraient que les familiers, les nouvelles et les rumeurs. Rien d'autre ne pénétrait dans l'exiguïté de ce monde qui n'était cependant pas sans une richesse immense car on a vu comment, d'une simple coquille, il est possible de tirer bien des réflexions et de nourrir bien des discussions. Il n'empêche que ce monde clos, dans lequel nous avons été forcés de vivre quelques mois, ne permet nullement la diversité d'expériences qu'offre le nôtre, où quinze kilomètres ne sont rien. Et encore, durant ce confinement, avions-nous accès à tous les lointains – étymologiquement, les *télé* – grâce au transit technologique d'énergies modulées.

C'est précisément la disponibilité d'énergies considérables sous la forme d'électricité, de pétrole ou de gaz, qui a permis de construire une telle civilisation de la présence. Car c'est bien cette énergie qui rend la fabrication, la construction et la communication possibles, et grâce à elles met à disposition de l'homme les objets de son désir. C'est elle qui alimente toute la civilisation de consommation. Or, qu'est-ce que consommer sinon, une nouvelle fois, s'inscrire dans le présent ? On sait comme s'oublie vite ce que l'on a consommé l'an passé, et comme ce que l'on consommera l'an prochain est incertain, soumis aux aléas de la chance et de la santé. Dans ces conditions, il n'est pas étonnant que le principe de plaisir l'emporte souvent. C'est aujourd'hui, *hic et nunc*, qu'il faut vivre et se faire plaisir, car on ne vit finalement qu'au présent.

« Toute notre civilisation est aphrodisiaque », écrivait Bergson dans une phrase qui devrait figurer dans tous les centres commerciaux. Il a raison, et il ne faut pas en faire trop vite le procès. Le plaisir n'est pas coupable, ni le désir honteux… Tout dépend certes de quels plaisirs il s'agit, mais ceux-là sont en apparence peu offensifs. Ils ont pour eux – et c'est là que s'enracine la force de conviction de notre civilisation – une grande partie de la sagesse occidentale, qui a cherché à détourner les contemporains de la nostalgie du passé et des rêves futuristes en leur rappelant que la vie est là, juste devant eux, n'attendant que leur bon vouloir pour être vécue *maintenant*...

Nous ne vivons que l'instant présent, le seul qui nourrit la sensation immédiate et qui peut assouvir le désir toujours recommencé. Alors, quoi de plus humain que de s'immerger, de s'y complaire – de s'y *vautrer*, disent les commentateurs agoraphobes ? Demain restera éternellement ultérieur et hier à jamais révolu. Il n'y a qu'ici et maintenant que le bonheur puisse faire l'objet d'une expérience non fantasmatique : cette certitude alimente tout l'hédonisme décomplexé de l'hypertemps qui prolifère sur les réseaux, dans les magazines et dans l'espace public. De l'épicurisme et du *carpe diem* d'Horace, on n'a conservé que la sympathie envers la jouissance. La régulation des passions, elle, n'est pas au programme : il est vrai que l'ataraxie n'est pas rentable.

L'énergie et la consommation forment une boucle. On consomme pour acquérir de l'énergie, et celle-ci est dépensée en consommant. Or si l'énergie et la consommation sont bel et bien à la racine de nos expériences du monde, on ne peut douter que le schème temporel qui nous est le plus familier soit tout entier tourné vers le présent et le futur très proche. La boucle qu'ils forment n'a en effet d'existence qu'en acte. *Nul ne consomme en puissance*, c'est ce que toute une industrie a compris. S'ajoute à ce cadre général trois instances omniprésentes dans nos vies, qui sont trois dispositifs de présentification qu'il faut analyser pour comprendre ce que ce *présent* signifie – et en quoi il est parfois un piège : l'écran, l'horaire et le crédit.

L'ÉCRAN, OU LE PRÉSENT NUMÉRISÉ

L'écran, l'horaire et le crédit sont aujourd'hui les grandes instances maîtresses du temps, analogues techno-économiques à ce que les Parques furent pour la Grèce mythologique. Machines à faire du temps, elles le génèrent, le règlent et le régulent, et par là possèdent une emprise systématique sur nos existences. Dès lors que nous obéissons de bon gré au temps des écrans, des horaires et des crédits, il est impossible de croire que nous vivons librement dans le temps qui nous plaît. Nous sommes dès la naissance baignés et conditionnés par la temporalité du système.

Parvenir à le penser demande de réfléchir d'une manière neuve. Pour beaucoup d'entre nous, l'affirmation selon laquelle un écran est une machine à produire du temps de présence n'a pas de sens. Un écran serait juste une vitre où les pixels changent continuellement de coloris pour générer des images. Mais c'est là en rester aux apparences. Plus profondément, l'écran est un dispositif d'affichage de séquences temporelles qui, dans une compétition pour capter l'attention, réclament la présence. Un mail, une page web, une série, une photo, sont des fragments d'information auxquels on consacre une partie de « temps d'écran ». Pour chacun de ces fragments d'information, une *quantité* de temps moyen est déterminée par avance. On consacre vingt-six minutes à visionner une série ; en moyenne, un cadre passe cinq heures par jour à traiter ses mails. Tout cela est formaté, mesuré et analysé. La durée de fréquentation de chaque page web est dûment répertoriée ; certains logiciels d'entreprise comptabilisent le nombre d'interactions numériques de leurs employés ; le temps passé sur un post Facebook est pris en compte pour rétribuer les publicitaires ; sur TikTok, on s'exprime en quelques dizaines de secondes ; les vidéos sont répertoriées et parfois rémunérées selon leurs longueurs ; les jeux tentent de garder le plus longtemps en ligne les *gamers* ; les annonceurs achètent des microsecondes ; les fournisseurs d'accès vendent du temps de connexion. Le numérique, c'est d'abord la capture de la présence : c'est devant l'écran qu'il faut être, pas ailleurs.

Quand on regarde au-delà des apparences et que l'on se défait de la conviction que les écrans sont de simples espaces d'affichage, de nouveaux horizons de réflexion s'ouvrent. L'une des batailles les plus vives de notre époque est la bataille de l'attention. Tous ces cerveaux disponibles, il faut les séduire, les happer, les capturer. Or à travers cette attention recherchée, c'est le temps de la personne qui est convoité. Tantôt concentrée, tantôt distraitement attirée par la lucarne, ses yeux sont rivés à la machine et son temps lui est donc dédié. Extatiques devant le pixel, les humains sont souvent nulle part avec passion. Car il est difficile de rivaliser avec l'attrait des écrans : ils informent de manière ciblée, guident en fonction des conditions réelles, nourrissent l'imagination, attisent la curiosité, font ressentir à l'ego certains frissons sociaux que les interactions ordinaires offrent avec une autre intensité. C'est tout un monde, souvent fabuleux. Et ce monde, c'est une fabrique de temps, la fabrique de notre temps présent. Car l'écran n'existe ni au passé ni au futur : il est le médium d'une expérience toujours actuelle. Grâce à lui, les histoires les plus anciennes, les fictions futuristes les plus loufoques, les êtres les plus éloignés, les correspondants les plus antipodiens, franchissent toutes les barrières de l'espace et du temps pour se *présentifier* devant nous, en pixels de chair et d'os.

La fonction de l'écran, qui règle notre temps, est de rendre présent et disponible ce qui n'est pas là. C'est son génie. Qu'est-ce que le virtuel, sinon la *présence de l'absence ?*

LOGICIEL ET LOGISTIQUE

Durant les confinements, une grande partie de la résilience est venue d'Internet. Sommer trois milliards d'humains de rester chez eux n'aurait pas été pensable sans l'existence de la Toile. Les populations européennes, dociles, ont soudain abdiqué sans résistance leur liberté d'aller et de venir. La conscience de la nécessité sanitaire est entrée pour beaucoup dans cette docilité. Mais elle n'aurait probablement pas suffi si les réseaux n'étaient venus offrir une vie de substitution assez riche à ceux qui y ont accès. La proximité virtuelle a joué comme compensation à la distanciation sociale. Les écrans, masques numériques, ont fait écran au virus tout en rendant le monde présent. Ils ont permis que la vie dans les bulles ne soit pas une vie autistique, mais une vie connectée.

D'un point de vue technique, c'est comme si tout était prêt et que les plateformes avaient depuis longtemps tablé sur l'atrophie musculaire d'une humanité nourrie de pixels du matin au soir. Rivé à son récepteur, chaque individu est l'heureux participant d'un réseau d'assignés à résidence qui ne se plaint de sa situation que par l'ajout de nouveaux post et de vidéos aux dizaines de milliards en circulation.

Il faut dire que les offres sont assez prodigieuses. Les logiciels de télétravail qu'on essayait de vendre sans beaucoup de succès avant la crise ont connu leur heure de gloire, et s'installeront pour longtemps dans la société. Dans les universités et les écoles, les cours se sont donnés à distance. C'est comme si toute une logistique avait anticipé la possibilité de ce confinement dont elle a tiré les bénéfices. Tant de choses peuvent se faire à distance que certains se sont vite demandé pourquoi ils perdaient auparavant du temps dans les transports, risquaient des rhumes dans les *open spaces* et supportaient la conversation d'individus qu'ils n'auraient jamais l'idée d'accepter sur leurs écrans. Et tout cela protégé, au chaud, cumulable à loisir avec des tâches domestiques ou du vélo d'appartement ! L'essentiel pour la visio-conférence est que le haut du corps soit habillé, le bas sera toujours hors-champ. La vie dans les bulles n'est-elle pas confortable et libre ? La cybernétique au chevet d'une biologie fragilisée, voilà la formule gagnante de la crise.

Dans cette mue, l'humanité continue à s'autodéfinir comme manipulatrice de signes. Car avec un clavier, sur un écran et par le micro, ne passent que des informations numérisées : des signes visuels et auditifs, des mots et des phrases, des données et des tableaux, des chiffres à foison... Pour beaucoup, travailler aujourd'hui consiste à recevoir, à traiter et à envoyer des mails, comme un jeu de ping-pong infini. Mais toujours des signes et rien que des signes ! Rien de palpable. Celui qui télétravaille reste certes dans le présent, mais dans la partie abstraite de l'univers humain, celle qu'une barrière qu'on appelle écran sépare du monde des choses et, plus largement, de la matière. Il s'en passe, des événements, dans ce monde des signes ! On y apprend, on y paraphe des contrats, on y conclut des affaires, on y donne des ordres, beaucoup d'ordres, et on se fait plaisir. L'inflation du signe par la technique a créé le plus grand *cloud* d'interactions et de messages qui soit.

Mais il faut rappeler l'évidence : on ne plante pas un clou sur internet. Les optimistes habitants du *cloud* ne devraient pas oublier que leur télétravail nécessite une infrastructure matérielle où tous les boulons comptent, pour lesquels les kilomètres de câbles nécessitent de creuser la terre, dont les satellites requièrent une maintenance, avant d'avoir été minerais de fer ou extrait de terre rare. En somme, il y a désormais deux humanités : celle qui appuie sur des boutons, qui pianote à longueur de journée, et celle pour qui ces segments signifiants deviennent des ordres de faire, de déplacer, de toucher, de coller, d'assembler, de soulever, de porter, de conduire, de trier, de planter, d'arroser, de récolter, de saigner, d'équarrir, de découper… Le bon vieux monde, où la sueur existe, où le tour de reins menace plus que l'embonpoint : le monde de la matière, sans lequel les prodiges du clavier ne pourraient survivre longtemps.

Logiciel contre logistique, voilà la nouvelle fracture que cette crise éclaire d'un jour très franc. Les logisticiens travaillant à flux tendus ont connu durant le confinement leur revanche en termes d'utilité, eux qui passaient parfois pour des habitants de second ordre du village global, tandis que les télétravailleurs ont de mieux en mieux compris que ce n'est pas parce que l'on appuie sur un bouton que l'ordre est suivi d'effet. Ils pouvaient envoyer tous les mails qu'ils voulaient pour exiger qu'on leur livre des masques : s'il n'y en a plus, il n'y en a plus. Les signes et les choses ont deux vies bien différentes. D'un côté la distance, de l'autre la proximité. Et l'on comprend enfin avec cette crise que l'humanité a été beaucoup trop loin dans la fracture entre logistique et logiciel. Que les Européens qui ont dominé l'industrie textile mondiale pendant des décennies n'ont pas été capables de produire des masques chirurgicaux en cellulose montre à tout le moins qu'il y a eu abandon de poste. On a cru que les boutons suffisaient à faire tourner le monde… On s'est trompé.

Ce qui doit être remarqué, c'est que le télétravail est l'étape la plus poussée de la division du travail. À chacun sa tâche et uniquement sa tâche. L'employé est seul, avec des collègues de plus en plus virtuels, parfois de moins en moins solidaires. Ce peut être ressenti comme une perte. Bien des études ont montré que l'ambiance d'un collectif de travail dépendait notamment de la fréquentation des machines à café où tant de choses se nouent et se dénouent. Les méthodes physiques informelles et les interactions classiques restent les plus savoureuses.

Enfin, *last but not least*, il ne faudrait pas oublier que le cybermonde est aussi un bon terrain de jeu pour les virus ! Avant cette crise, le terme était d'ailleurs réservé aux logiciels malveillants ; on avait oublié leur origine biologique. Ce serait donc une erreur de trop s'y retrancher. On peut légitimement se poser la question : une paralysie générale des réseaux et des banques de données à cause d'un virus informatique serait-elle ou non pire dans ses retombées sociales (et non dans ses horribles effets létaux) que celle que nous avons connue avec le Covid-19 ? Il y a matière à réfléchir, ce qui ne veut pas dire qu'il faille se retirer du monde réconfortant des réseaux, si utile, mais plutôt qu'il faudrait veiller à combler la fracture entre logiciel et logistique.

L'HORAIRE, OU LE PRÉSENT PLANIFIÉ

On l'a dit, c'était autrefois la nature qui façonnait le temps des hommes. Elle leur imposait son rythme. L'ordonnance des saisons dictait les phases de la vie humaine, car de son respect dépendait les récoltes et la subsistance. Ces rythmes naturels conservent une empreinte sur nos sociétés, mais à mesure que celles-ci se sont éloignées de la nature et confinées dans des bulles architecturales protectrices dont elles régulent l'atmosphère, leur dépendance vis-à-vis du temps naturel s'est estompé. Avant l'électricité, les nuits étaient noires ; bien des activités devaient attendre la lumière du matin. L'éclairage a tout changé, comme tant d'autres inventions qui ont libéré l'homme des rythmes de la nature. Mais le temps humain n'est pas devenu libre de toute influence pour autant. D'autres instances s'en sont emparées, dont l'écran on vient de le voir, mais aussi l'horaire.

Qu'est-ce que l'horaire, sinon la fusion du calendrier, de l'agenda, des heures de lever et de coucher, des ouvertures et fermetures, des rendez-vous, des réunions, des pauses, des contraintes, des courses, des trajets, des contretemps prévisibles et des imprévus ? Notre rapport au temps passe par une planification rationnelle et minutieuse qui transforme ce milieu temporel indifférencié en un espace quadrillé heure par heure, rendant ainsi l'expérience entière prévisible et présente.

L'horaire rend symboliquement présent le passé comme le futur. Le temps devient une succession de cases, et l'individu qui vit dans la durée passe d'une tâche à l'autre selon un ordre réglé comme une course d'obstacles, quand aucun aléa ne vient le perturber. Vivre selon l'heure, c'est obéir à cette liste précise de tâches que nos écrans nous rappellent à la demande en nous permettant une maîtrise extrêmement fine de l'avenir spatio-temporel. Pour l'immense majorité d'entre nous, tout est écrit à l'avance, si bien que chaque lundi matin, il est possible de pronostiquer dans le détail où l'on sera à telle ou telle heure, et ce qu'on y fera. Il y a de moins en moins de clandestins du temps. L'horaire est la règle, la surprise l'exception. Et en définitive l'heure est partout, mais le temps nulle part. Car ce temps est un temps de l'urgence. Le présent n'est pas le lieu du temps à soi, du *carpe diem* qui nourrit les contemplations de l'ère du Destin. Il est au contraire un présent fiévreux, inquiet, où l'être est convoqué.

La discipline chronologique conditionne le bon déroulement de la vie sociale. Les horaires sont interdépendants, si bien que les retards, inexactitudes, longs bavardages et empêchements des uns perturbent le bon déroulé de la journée des autres. Les rappels à l'ordre ne tardent pas à venir. Il faut être haut placé pour se permettre des libertés avec la montre, ce qui entraîne aussitôt une réputation. On dit que la ponctualité est la politesse des rois, mais elle est surtout le devoir des sujets. Le respect de l'horaire est la première des déférences. Apprise dès l'enfance, où cinq minutes de retard à l'école se paient de remarques puis de punitions, soulignée par les reproches de celui que l'on a fait attendre, expérimentée à ses dépens lorsqu'on rate un train ou une séance de cinéma, la ponctualité est l'une de ces rigidités qui n'est curieusement pas moquée. Alors qu'en matière morale, l'inventivité est de mise et les fantaisies personnelles encouragées, la tolérance sociale envers les artistes de l'horaire approche de zéro. Face à eux, même les plus flegmatiques peuvent avoir un inconscient de gendarme, prompt à la remarque. C'est que l'horaire est une valeur quasi sacrée qui permet la maîtrise du temps et donc sa rentabilisation.

Rentabiliser le temps des uns et des autres est en effet l'un des buts poursuivis, outre d'assurer la synchronisation des échanges. Ce souci de rendre le temps rentable se marque dans le phénomène de compression spatio-temporelle : il faut parfois tâcher de mettre le maximum d'échanges, le maximum de communications, le maximum d'achats, le maximum de divertissements, le maximum de plaisirs et le maximum d'utilité dans une seule unité de présent. L'ensemble de ces maximas fera que l'on pourra proclamer : « Je n'ai pas perdu mon temps ! »

Ainsi comprimés, actions et affects animent les cases de l'horaire. Ils chargent l'instant présent d'une puissance qui peut le rendre désirable et jouissif, où se mêlent l'urgence, l'intensité, l'émotion, tous ces ingrédients qui rendent la vie trépidante. Car l'horaire bien tenu n'exclut pas l'excitation, sans quoi il serait morne. Il permet au contraire, à certains moments, la convergence de forces et d'énergies, de conversations et de rencontres, qui rendent des instants mémorables. Même l'inoubliable peut être prévu et programmé longtemps à l'avance. Il suffit d'organiser la bonne compression, dans une certaine durée, de puissances détonantes. Les fêtes aussi sont inscrites à l'horaire, comme toute notre vie manifeste.

MAINTENANT = (CHOIX × ÉNERGIE) / CONTRETEMPS

Les doutes sur la possibilité de parvenir à une définition correcte du temps personnel étant réels, il semble plus avisé de partir de son contraire : le contretemps. Au moins, celui-ci est connu, il a des visages et des noms. Chacun connaît ces matinées qui paraissent libres et propices pour quelque occupation de choix, mais qu'un coup de téléphone, un verre cassé ou une contrariété viennent perturber. Un embouteillage, une panne : autant de causes de contretemps. Le nom l'indique : le contretemps est ce qui se met sur notre chemin et donc sur celui de notre temps, et qui, allant à son encontre, l'empêche et le retarde. Venu du temps du monde ou du temps d'autrui, il barre la route à notre temps personnel et nous contraint à patienter. Notre journée n'est alors plus en notre pouvoir. Le contretemps, c'est le présent qu'on aurait voulu éviter.

L'expérience universelle du contretemps peut nous aider à caractériser le présent lui-même en nous indiquant à quoi il s'oppose de manière contrariante. Et l'on trouve là deux éléments : notre énergie et notre choix. Notre énergie, d'abord, car c'est grâce à elle que nous nous disposions à vivre tel ou tel présent. Elle était la source du mouvement empêché, de l'allant stoppé. Notre choix, ensuite, car il y avait une intentionnalité qui dictait notre conduite et lui faisait préférer telle activité à telle autre. C'est également le présent que vient remettre en cause le contretemps : nous avions choisi d'être à l'heure, nous ne le serons pas.

La définition du temps personnel vers laquelle nous nous acheminons se précise alors. Le présent serait l'énergie multipliée par le choix et divisée par le contretemps. Disons d'emblée que cette définition n'a peut-être pour elle que son originalité… C'est déjà cela ! Et tout inédite qu'elle soit, elle formalise des intuitions que chacun connaît. Car ce qu'indique cette formule, c'est qu'avoir le temps, c'est avoir aussi bien l'énergie que le choix. Il faut les deux : un prisonnier aura l'énergie mais pas le choix ; un malade aura le choix mais pas l'énergie. Aucun d'eux n'« aura le temps » au sens de la présence pleine et existentielle, qui fait de la formule un synonyme de vie libre. C'est la conjonction des moyens vitaux, qui sont énergétiques, et de la libre et raisonnée destination de ces moyens, qui font que ce temps abstrait devient pour l'individu utilisable, profitable, désirable : un présent de qualité.

Toutefois, la formule l'indique aussi : ni l'énergie ni le choix ne suffisent, car le contretemps est toujours possible. Sans lui, ce serait un monde sans frottement ni embûche, sans surprise ni aléa ; un monde de pleine volonté de puissance, où l'individu a toujours les moyens de réaliser ce qu'il veut. On y présentifierait toujours ce que l'on désire… Mais ce n'est pas aussi simple, car le contretemps menace toujours, sous la forme d'importuns et d'accapareurs d'attention, de contrariétés ou de contrordres. Énergie et choix décroissent alors proportionnellement aux forces adverses.

Le présent est donc l'énergie multipliée par le choix, le tout divisé par le contretemps. Une grande diversité de situations peut être lue au moyen de ce rapport, qui se révèle parfois instructif. Car il est des vies qui bouillonnent d'énergie, mais choisissent peu ; d'autres, tellement avisées et sûres de leurs goûts, mais sans autre capacité que de se rappeler « si jeunesse savait, si vieillesse pouvait »… Il en est d'autres encore pour qui exister semble en permanence faire face à un immense contretemps, une sorte de parcours du combattant, toujours barrant la route, toujours douchant les espoirs. À côté d'eux, d'autres vies ne paraissent pas connaître la contrariété, ou du moins ne l'interprètent pas de cette manière. Les contretemps, au lieu d'être des obstacles, sont pour eux à peine des embêtements. C'est que l'interprétation joue un rôle central dans l'équation. Tout dépend en effet dans quelle catégorie l'on range ce qui arrive. Il peut ainsi être sage, parfois, de faire glisser vers le domaine du choix ce qui nous est opposé. C'est une manière de choisir son destin, d'accepter ce qui nous arrive sans nous poser en victime ou, pire, sans croire que la panne de métro nous est *intentionnellement* destinée. L'*amor fati*, l'acceptation souriante de ce qui survient, n'est-elle pas la résultante d'un travail de domptage de ses passions tristes ?

Muni de cette équation, qui n'est que faussement quantitative car sa visée est de révéler une nouvelle facette chronosophique de la *qualité de temps*, bien des spéculations peuvent être menées. Ainsi, tel travail, le rangera-t-on parmi les choix ou parmi les contretemps ? Et telle relation, viendra-t-elle fortifier les énergies ou plomber le résultat – le plomb étant le métal saturnien ?

LE CRÉDIT, OU LE PRÉSENT FINANCÉ

La troisième ultraforce productrice de temps après l'écran et l'horaire est le crédit, au fondement de la finance. Les sociétés humaines ont très longtemps résisté avant d'accepter le prêt à intérêt, qui établit un lien opératoire entre le temps et l'argent. Aristote, suivi en cela par la tradition chrétienne, refusait que l'argent puisse « faire des petits », au motif que le temps appartient à Dieu, et que nul ne peut s'enrichir grâce à la seule succession des jours. Il fallut attendre la *Lettre sur l'usure* de Calvin, en 1545, pour que l'argent puisse profiter du temps pour fructifier, ce qui fut un levier majeur pour le déploiement du capitalisme. En France, la Révolution entérina cette idée fondatrice pour le secteur bancaire, qui se mondialisa rapidement et finit par devenir une pierre angulaire de tout notre système.

En misant sur demain pour financer aujourd'hui, le capitalisme s'est construit sur une invention qui relève autant de l'intérêt bien compris que du coup de poker permanent. Car le présent, même s'il est gros de promesses, ne peut offrir que ce qu'il a. Il ne peut, par ses propres moyens, se métamorphoser en ce qu'il n'est pas (transformant un locataire en propriétaire, par exemple), de même que le baron de Münchausen ne peut, en tirant sur ses cheveux, s'extraire d'une mare. Il faut un adjuvant extérieur, un point d'appui où poser le levier, lequel, ne pouvant se trouver dans l'actuel, a été déplacé dans les temps à venir qui par le crédit deviennent capables, de manière non empirique, d'opérer une action sur le présent. Cette abstraction – et l'argent est la plus abstraite des puissances, aux effets les plus concrets – est une des clés de nos devenirs : sous forme de promesse, le crédit parcourt les années plus vite que nous. Le propre du crédit est de rendre disponible et *présent* de l'argent que l'emprunteur n'a pas. Il est un étonnant mécanisme de présentification, peut-être le plus efficace de tous. Par un simple jeu de signature, s'opère un transfert massif d'argent futur vers le présent, où il peut être tout entier mobilisé.

Entre le temps et l'argent, les relations sont complexes. Non seulement le passage du temps, par l'opération du crédit, génère de l'argent, mais l'argent lui-même permet d'acheter, on l'a vu, le temps de travail d'autrui. Un immense réseau de conversion des heures en euros et des euros en heures structure notre système et en détermine les fluctuations. Il n'y a pas de valeur absolue, même pour l'or. Toute valeur varie dans le temps ; toute action a un cours variable pour lequel même des millisecondes peuvent faire une différence, ainsi que le pratique le trading à haute fréquence. On achète de manière anticipée, on revend à terme, on spécule sur une évolution, on lie une valeur à un risque futur, on redoute une récession liée à la survenue d'un événement : dans tous ces cas, l'ingénierie financière agit d'abord et avant tout en fonction de comptes et de décomptes d'heures et de jours. Transformer le passage du temps à son profit, voilà le cœur de bien de ces métiers dont le dogme, édicté par Benjamin Franklin (« Le temps, c'est de l'argent ») n'est pensable que si le temps est pure quantité.

Cette coalescence entre temps et argent, base de notre système, n'est pas uniquement visible à un niveau macroéconomique. Elle est également présente dans la vie des individus. Quiconque souscrit un prêt pour acheter une maison, une voiture ou un réfrigérateur, perçoit, au moment où il signe les liasses de documents qu'on lui présente, qu'il s'agit en réalité d'un calendrier d'un genre particulier : un calendrier « dont il est le héros ». Il prend connaissance, en s'engageant avec une solennité parfois contrôlée par un notaire, que douze ans plus tard, il devra être en mesure de payer une somme déterminée tel jour précis, et telle somme encore tel autre jour, dans une itération qui va parfois jusqu'aux limites de son temps vaillant.

Ce crédit, qu'on compare tantôt à un formidable tremplin, tantôt à une corde au cou, deux métaphores qui peuvent fusionner dans l'image d'un élastique permettant d'aller loin pourvu qu'on revienne toujours au guichet de remboursement, n'opère une présentification de l'argent qu'au prix d'une structuration de l'avenir. Les promesses de paiement sur le très long terme modifient l'indétermination des mois et des années futures en exigeant que l'individu ait alors la capacité financière requise. Ce n'est pas anodin, et bien des vies se construisent et se stabilisent autour de ces rendez-vous répétés qui, pour être honorés, justifient tant de choix et de « sacrifices », selon l'expression consacrée.

Temporel par nature, le crédit façonne non seulement la vie des individus, mais aussi celle des États. Le poids de la dette glisse d'une génération à l'autre, créant une solidarité forcée qui va d'amont en aval et se répercute sur les nouveaux venus, trop jeunes encore pour se plaindre mais sommés déjà de répondre aux engagements de leurs prédécesseurs. Le dégagement de marges de manœuvre pour aujourd'hui contraint aux grandes manœuvres de demain (voire à l'immobilisation, comme pour certains pays pauvres qui ne peuvent s'imaginer d'autre avenir que celui de payer les intérêts d'une dette qu'on a vendu naguère à l'un de leurs représentants). Qu'est-ce que vivre à crédit, sinon garantir l'enrichissement de son présent grâce à son futur ?

LA CROISSANCE PERPÉTUELLE

Dans ce fonctionnement du crédit, on aura reconnu le mécanisme qui est au principe de la croissance. En soi, la croissance n'est qu'une étape normale de développement d'un être. Tous les vivants passent par une ou plusieurs phases de croissance dans lesquelles ils captent dans l'environnement des ressources et des énergies qu'ils utilisent à leur profit. La vie est cycliquement constituée de croissance et de décroissance, d'évolution expansive et d'involution sénile, avec des rythmes très variables ; la croissance rapide d'un tournesol et celle, imperceptible, d'un ginkgo, se déploient dans des temps incomparables. Pourtant, pour chacun d'eux, il s'agit d'aller plus haut, de se mettre en position de capter des rayons solaires, jusqu'à une phase de stabilisation où s'inverse petit à petit le sens du devenir.

Cette origine biologique de la croissance, qu'il est intéressant de mettre en correspondance avec le terme *culture*, utilisé pour la première fois par Cicéron pour exprimer le soin que l'on doit prendre de son âme par analogie avec le soin que les paysans prennent de la croissance des plantes, ne doit cependant pas orienter toute la réflexion. Ce que l'on appelle « croissance » dans nos sociétés humaines n'a plus qu'une lointaine parenté avec la croissance dans le règne du vivant qui dure un temps, puis cesse. Dans nos sociétés, cette cessation de croissance, qui est une acquisition de majorité, est rare : c'est comme s'il fallait que la croissance se poursuive et qu'elle devienne *perpétuelle*. Croître n'est plus une phase parmi d'autres, elle est la phase par excellence, qui finit par devenir synonyme d'exister.

La caractéristique de l'hypertemps, on le sait, est de rendre présent tout ce qui peut l'être. Économiquement, cette présentification est rendue possible par le crédit : de l'argent est mis à disposition dans le présent à condition de le rembourser dans le futur. Ce mécanisme simple, s'il est pensé avec calme, ne provoque pas *a priori* d'emballement : il ne s'agit que de tenir ses promesses. Mais si ces promesses, précisément, ont été enthousiastes, voire exaltées, si elles ont été faites non seulement en tenant compte des capacités, mais aussi de l'évolution d'une série de paramètres prosaïques qui prennent le nom d'*évolution du marché*, alors il se peut que le remboursement de ce crédit généreusement accordé demande chaque trimestre des efforts supplémentaires. Le pari des institutions financières – qui sont ici centrales en tant qu'instances de recyclage de l'argent futur dans le présent – a pris en compte non seulement les capacités futures, mais aussi la croissance de l'entreprise. On peut le comprendre, car qui parierait sur le déclin d'un débiteur ? La conséquence en est qu'il faut susciter cette croissance, qui n'est plus alors une phase mais un état. Ce n'est plus un surplus financier qu'il faut dégager, mais des surplus *perpétuels* destinés à rembourser le capital et les intérêts, lesquels peuvent être refinancés en comptant sur davantage encore de croissance.

Cette perpétuité engendre une obligation d'innover, d'être à la hauteur de la concurrence, d'offrir aux consommateurs des produits qu'ils auraient envie de consommer, lesquels consommateurs, ainsi conditionnés et ayant pris l'habitude d'être surpris et gâtés, s'attendent à voir des nouveautés perpétuelles. Un cycle est ainsi créé dans lequel une croissance appelle l'autre, tous les mécanismes étant en situation d'interdépendance. Le présent est devenu un *présent perpétuel*, dans lequel s'arrêter ou ralentir n'est pas une option.

Le problème est que « perpétuel » désigne ce qui dure et doit durer sans interruption, infiniment et indéfiniment, mais du point de vue du présent et non de celui du futur. L'idéologie de la croissance ne prend que rarement en compte le long terme, trop occupée à s'affairer dans le présent. La conséquence est qu'elle ne parvient pas toujours à se réguler, à se poser des limites ou à freiner son propre emballement. Il en faut souvent plus, parce que la dynamique est portée par un désir qui ne connaît pas la satiété. En réalité, cette satiété serait une trahison de la perpétuité.

Pour autant, faut-il tenir un discours de condamnation systématique de la croissance, en l'accompagnant d'une idéologie de la décroissance tout aussi systématique ? Ce n'est pas une voie qui semble praticable. Ici encore, les événements récents peuvent alimenter la réflexion.

La très vieille dispute entre les motivés de la croissance et les apôtres de la décroissance s'est en effet rouverte de plus belle à la lumière de la crise du Covid-19. Les premiers, face au monde en panne, ont compté les jours et attendu qu'une reprise des activités puissent ramener dans le système une certaine intensité, nécessaire à sa survie. Les seconds, observant les oiseaux chanter sans concurrence dans les villes, se sont réjouis du coma planétaire et ont plaidé pour un prolongement de l'expérience. Ils ont connu leur heure de gloire au printemps 2020 en affirmant qu'ils l'anticipaient depuis longtemps, ce bug dans le productivisme, et qu'il fallait s'attendre, à force de frénésie, à voir tôt ou tard l'orgueil humain contesté par un petit virus. La voilà venue, cette décroissance forcée ! Tant mieux, ont-ils ajouté, on respire enfin. Ce fut tous les jours dimanche sans voiture. Les gens ont soudain débordé de sens de la solidarité, n'ayant plus guère, il est vrai, l'occasion de se fréquenter ni de devoir se supporter. Les commerces de proximité et les labels biologiques ont prospéré, tandis que le commerce avec la Chine semblait appartenir au monde d'avant. Les activités importantes comme celles du soin, de l'approvisionnement, de la sécurité civile ou encore du maintien de l'ordre (tous services publics assez mal rémunérés) s'en sont allées au front, et l'on comprenait qu'une société peut être temporairement viable sans une série de professions insérées, assuraient les décroissants, en parasite sur les chaînes de production, et que le gel du productivisme avait temporairement chassés. Pour les tenants de la décroissance, on entrevoyait le Grand Soir.

Mais comme dans toute bonne dispute, le camp adverse a eu autant de contre-arguments que l'autre croyait détenir de preuves. Elle est jolie, ont-ils dit, cette décroissance qui jette dans l'angoisse des populations ayant vu radicalement baisser traitements et salaires, qui se demandent comment faire face aux échéances des emprunts, et qui finissent par trouver que les rayons vides des supermarchés ressemblent beaucoup à leurs frigos pareillement vidés. C'est la politique des volets clos, des commerces fermés, des restaurants forcés à emballer tous leurs plats, du cinéma à distance ; un monde sans concert ni théâtre, sans université ni école, où tous sont soudain égaux devant l'ennui et la monotonie. Si c'est cela, décroître, vivement le retour de la croissance ! On retrouvera au moins un peu de vie dans les rues.

Décroissants et partisans de la croissance ont ainsi renchéri. Mais dans cette dispute, on traite croissance et décroissance comme des dynamiques générales, sans dire ce qui doit croître et ce qui doit décroître, donc sans critère sélectif externe. Car qu'est-ce qui doit croître ? Le taux de remploi des capitaux investis ou la considération que l'on témoigne aux infirmières ? La recherche d'un vaccin ou la rentabilité du secteur pharmaceutique ? Et pareillement, qu'est-ce qui doit décroître ? Le commerce mondialisé ou les allers-retours des Antonov russes qui apportaient en France des masques chinois ? La production de légumes bios ou la production de légumes bon marché qu'attendent des centaines de millions de consommateurs attirés par les petits prix ? Enfin, les chaînes industrielles, qui produisent tout à la fois des voitures et des respirateurs, doivent-elles accélérer ou freiner la cadence ?

Croître tout comme décroître ne sont que des processus neutres, qui ne peuvent être évalués qu'en fonction du sujet. Si l'on en restait là, il n'y aurait pas débat. Mais les choses sont plus complexes, car sous cette neutralité se cachent aussi deux idéaux-types que tout oppose : celui du monde bancaire, qui sait que plus il prête d'argent, plus sa capacité d'encore prêter croît, processus, on l'a vu, théoriquement *perpétuel* et indépendant des activités pour lesquelles il consent ces prêts ; et celui de spiritualistes vaguement religieux qui se sentent coupables d'avoir délaissé l'essentiel, c'est-à-dire le Destin, la nature ou l'innocence, et qui pensent qu'à force de dépouillement, voire de pauvreté, ils feront le salut de leur âme, de leur corps et de la planète. Ces deux idéologies que tout oppose, et dans lesquelles on peut retrouver la querelle médiévale entre les riches Bénédictins et les pauvres Franciscains, est trop caricaturale pour être prise au sérieux. C'est pourtant elle qui irrigue la foi et la mauvaise foi des deux camps.

Toute la question est de savoir comment sortir de l'impasse. Il semble que pour ce faire, il faudrait un critère sur lequel s'accorder, qui ne soit pas seulement un processus (croissance/décroissance), ni une idéologie (opulence/dépouillement), mais un attracteur, un but sur lequel la majorité pourrait se mettre d'accord, ainsi qu'un repoussoir qui engloberait ce que l'on désire éviter. Deux candidats à cette fonction de critère pourraient aujourd'hui être la *qualité* et le « *merdique* ».

La qualité, au centre de laquelle réside la qualité de vie des individus (leur dignité, leur robustesse, leur pouvoir relationnel), c'est la qualité des soins auxquels ils ont droit, la qualité de leur enseignement, de leur agrément, la qualité de l'eau qu'ils boivent et de l'air qu'ils respirent, de ce qu'ils consomment et produisent, de la manière dont ils se comportent vis-à-vis de la société et de l'environnement. Des consensus pragmatiques et peu idéologiques peuvent être trouvés pour définir cette qualité, qui est systémique car elle ne s'arrête pas à un résultat, mais doit concerner toute la chaîne de production.

Et de l'autre côté, à endiguer et à réduire, l'immense domaine du merdique : les outils qui cassent, les aliments fades, les masques troués ou absents, les produits nocifs, les polluants, le toxique, le *fake*, le *cheap*, le trompeur, le geste fourbe, la parole menteuse. La liste est longue de ce qui, depuis plusieurs siècles, pèse sur la Modernité et la défigure. Au lieu d'en rester au dialogue de sourds entre croissance et décroissance, il y a fort à parier que se centrer sur la croissance de ce qui sert la qualité de vie des individus, et sur la décroissance de ce merdique qui lui est nuisible, pourrait nous mener plus loin. Telle est l'idée d'une philosophie des « libres qualités », développée par ailleurs. Libres, ces qualités doivent l'être car à côté des nombreuses qualités vérifiées dans nos sociétés de la connaissance et du contrôle, la place centrale doit être laissée aux qualités spontanées et créatrices des individus.

Le contrôle, cependant, peut avoir du bon. On le décrie souvent, mais avec un peu trop d'hypocrisie, car quiconque prend un ascenseur aime à le savoir contrôlé par une firme agréée, de même que les contrôles de la qualité de l'air ou de ce que nous mangeons sont essentiels. Cela nous ramène au point de départ de la crise qui nous a occupés. N'aurait-on pas apprécié, tous tant que nous sommes sur cette planète, que le petit marché de la ville de Huwan soit soumis à quelques rigoureux contrôles *qualité*, afin que ne s'échappe pas ce coronavirus, franchement *merdique* ?

THÉORIE DES ULTRAFORCES

Le langage de la qualité, cependant, est extraordinairement difficile à faire entendre à l'ère de l'hypertemps et des ultraforces. Nous vivons en effet à l'ombre d'ultraforces considérables, qui sont parvenues à doper leurs dynamiques de croissance. Après le Destin et le Progrès, ce sont elles qui règnent. Que sont-elles ? Des puissances actives, alliances de technologie et d'économie, que les tailles mondiales rendent hors d'atteinte de la perception humaine. De là le préfixe *ultra*, qui indique que ces forces d'un genre nouveau émergent et prospèrent à l'échelle globale. On pense aux grands conglomérats du numérique, les Gafam, mais aussi à leurs homologues chinois, aux géants de l'agroalimentaire, aux dix-sept banques systémiques, aux puissants groupes industriels et pharmaceutiques, aux majors des industries culturelles ou encore aux colosses du secteur énergétique.

Acteurs prédominants du technocapitalisme contemporain, ces ultraforces posent à chacun – et même à leurs membres – la question de l'efficacité de la politique. Par leur taille et leur importance, elles contribuent à façonner notre monde, sans que l'on puisse exercer sur leurs méthodes, leurs pratiques ou leurs fiscalités, de contrôle démocratique. Capables de rivaliser avec les États, elles ne se laissent pas dicter de consignes intrusives et parviennent à bénéficier de traitements favorables auxquelles les entreprises ordinaires ne peuvent prétendre. Ces dernières années, on a vu quelques-uns de leurs représentants s'expliquer devant des Parlements, sans cependant que ces derniers soient capables d'exercer sur elles des régulations contraignantes.

La paranoïa n'est ici d'aucune aide, et il n'y a pas de complot. Le fait est simplement que ces acteurs nouveaux, d'un gabarit colossal, contribuent à façonner nos sociétés et sont souvent même plébiscités. C'est qu'ils construisent et gèrent, par l'énergie, par le numérique, par l'alimentation industrielle, par le textile transcontinental ou encore par les films et les séries grands publics, les piliers de notre civilisation globale de l'abondance. Ce n'est pas rien : le cynisme systématique des critiques de la globalisation, s'il peut à certains égards être fondé, devrait d'abord se demander si la perpétuation de ses modes de vie serait simplement *possible* sans les flux d'informations, de médicaments ou d'énergies que ces ultraforces sont, jusqu'à présent, seules à pouvoir produire et acheminer. La réponse est non. Se priver d'elles aboutirait à une transformation du système autrement plus radicale que celui du confinement : elles fournissent en effet une grande part des flux qui parcourent nos réseaux, dont elles organisent d'ailleurs en partie la maintenance. Et elles fournissent même des vaccins !

Tel est le réel actuel, face auquel on peut comprendre qu'aucun coup de baguette magique, ni aucun discours facile ou populiste, ne peut avoir d'efficacité. C'est la dure loi de la force, et en cela les ultraforces pratiquent aussi une politique, mais *a minima*, sans beaucoup de langage ni de négociation. Sommes-nous en définitive leurs bénéficiaires ou leurs victimes ? Souvent les deux à la fois, de manière différenciée selon la place que l'on occupe dans le système, la sensibilité environnementale et l'importance accordée à une éthique fondée sur la justice et non sur la force.

Le paradoxe est que ces ultraforces poursuivent le mouvement du Progrès tout en s'imposant comme un nouveau Destin. Si elles radicalisent le Progrès, c'est qu'elles restent dans le sillage d'une Modernité qui s'est autodéfinie comme processus de maîtrise de la nature, dans un modèle de productivisme utilitaire, démiurgique et non biomimétique. Leur but explicite est l'amélioration des conditions de vie, ce à quoi elles parviennent dans une certaine mesure pour ceux qui demeurent du bon côté des échanges transcontinentaux. Notons que ce « bon côté » est de plus en plus fréquenté : le nombre de pays désignés par euphémisme « à faible revenu » par la Banque mondiale est passé de 64 en 2001 à 34 en 2019, signe que la pauvreté recule globalement, ce qu'il faut mettre en partie au crédit de l'accroissement des échanges.

Mais ce but mélioratif n'est atteint qu'au prix d'injustices criantes et de déprédations environnementales. A côté des spirales ascensionnelles, des spirales de déclassement et de relégation existent. Tous les problèmes écologiques peuvent se lire comme des dynamiques cybernétiques d'amplification de processus délétère. C'est comme si, du Progrès, ces ultraforces n'avaient conservé que les aspects matériels, et pas la justice et le respect, vivifiés par ce qui est pourtant l'âme des Lumières, c'est-à-dire les idéaux conjoints de liberté, d'égalité et de fraternité. Il s'agit ainsi d'un progrès amputé, qui ne marche que sur sa jambe matérialiste tandis que sa composante démocratique et émancipatrice est atrophiée. De la double hélice du progrès, une spirale est stimulée, tandis que le mouvement sur l'autre est essoufflé. Pour preuve, ces ultraforces sont politiquement multi-compatibles. Elles ont des versions capables d'opérer dans des démocraties libérales et d'autres, finalement assez proches, opérationnelles dans les régimes autoritaires.

Sans doute est-ce cette moitié d'héritage perdu qui a fait d'elles également un Destin. Privées de l'intention démocratique consubstantielle au Progrès, ces ultraforces ont pu atteindre des tailles et des omniprésences si importantes qu'elles semblent comme déliées de toute obligation vis-à-vis des citoyens. Elles dictent sans discussion, opèrent souvent sans contre-pouvoir, décident dans une relative opacité. C'était là la marque du Destin. Et comme pour ce dernier, il ne faudrait pas plaquer à mauvais escient une subjectivité et penser que le Destin contemporain exprime une intention peut-être malfaisante. Il n'en est rien. Il se contente d'être, dans une réalité qui est avant tout processuelle. La numérisation, la robotisation, la financiarisation, la pétrolisation, tous ces processus qui sont le quotidien de nos sociétés n'obéissent pas à quelques décrets édictés dans tel ou tel forum économique. Ils sont des mouvements bien plus profonds, multiséculaires pour certains, qui paraissent inéluctables.

Quiconque a médité sur le fait qu'en Chine certaines villes hypermodernes sont sorties de terre en moins de dix ans, offrant des infrastructures rutilantes et des services souvent très corrects à des populations qui, il y a quelques décennies, connaissaient la misère noire du post-maoïsme, peut comprendre tout le sens du mot « inéluctable ». Et saisir toute la difficulté d'une réflexion éthique face à ce nouveau Destin.

LES SPIRALES LOXODROMIQUES D'ESCHER

Dans ce référent temporel, c'est métamorphosé que revient le leitmotiv de la spirale. Les parfaites hélices spiralées des coquilles, typiques du temps du Destin, ne sont plus guère contemplées par les habitants de l'Hypertemps. Et ceux-là n'adhèrent plus massivement aux ascensions spiralées de la lanterne de Borromini ou de la tour de Tatlin, avec ce qu'elles supposent d'attrait pour la transcendance et pour l'Unique. D'autres spirales parlent davantage, car le motif est aussi au centre de ce nouvel imaginaire tel qu'il a été décrit par la cybernétique, avec ses rétroactions positives qui amplifient un processus de croissance et, symétriquement, exacerbent une régression.

Le temps des ultraforces n'est-il pas aussi celui des tourbillons qui attirent tout à eux, au risque de dévaster ce qu'ils ne peuvent utiliser ? Et dans leurs vortex, ne voit-on autant de processus ascendants que de processus descendants, sans parfois que l'on puisse repérer clairement où se situent le haut et le bas, condamnés alors à relativiser tous les jugements qui changent de signe si d'autres perspectives sont choisies ?

Dans l'art vidéo comme dans l'art numérique, bien des artistes du code se sont saisis de ces inspirations cybernétiques pour jouer sur les formes qui nourrissent l'imaginaire de l'époque. Leurs œuvres ont alimenté les réflexions sur l'Hypertemps. C'est toutefois vers un artiste à l'ancienne, un graveur hollandais, que l'on se tournera pour chercher une figuration parlante. Maurits Cornelis Escher (1898-1972) a en effet imaginé dans ses sphères spiralées des séries de courbes qui enserrent un globe, s'accroissant si on les lit du haut en bas, et décroissant dans l'autre sens. Ce mathématicien dans l'âme, qui fascine encore les géomètres d'aujourd'hui, s'est fait spécialiste des ambiguïtés perceptives, à commencer par son ruban de Moebius, ses deux mains qui se dessinent l'une l'autre, ou encore ses escaliers impossibles qui montent et descendent, pouvant se prendre dans les deux sens et laissant l'œil désorienté. Chez lui, grâce à des jeux d'illusions optiques, ce qui enfle s'amincit et ce qui s'abaisse s'élève, créant parfois un sentiment de malaise, d'autre fois une jouissance intellectuelle car ses monochromes sont plus cérébraux que sensuels.

Ainsi la sphère spiralée pose-t-elle la question de l'orientation générale. Ce qui frappe, c'est que les courbes enlacent une sphère, celle-là même dont Sloterdijk a fait l'un des plus riches concepts philosophiques de notre époque. De même que les ultraforces laissent leurs flux d'énergie, d'information, d'argent, de marchandises et de fantasmes, parcourir la planète en prenant de la valeur à mesure qu'ils sont convoités, de mêmes les spirales d'Escher couvrent un globe de leurs lignes obliques. À proprement parler, leurs mouvements sont loxodromiques : ils se déploient en oblique. Dans un article en ligne du *Journal of Humanistic Mathematics*, publication dont le titre est déjà tout un programme, deux chercheurs aidés par quelques micro-processeurs en ont trouvé les équations, montrant au passage que l'artisan Escher utilisant des anamorphoses pour transformer ses figures était d'une rigueur implacable. Ses loxodromes sont les courbes les plus ambigües qui soient, dont il n'est plus possible de dire si elles traduisent un temps de progrès ou de déclin. Elles enserrent et transforment le globe terrestre dans un présent perpétuel.

M. C. Escher, *Sphere Spirals*, xylographie, 1958

Délai

LA *SPIRAL JETTY* DE ROBERT SMITHSON

> Pendant que nous roulions, la vallée s'étendait en une immensité inouïe. […] Nous suivîmes des routes qui couraient dans des culs-de-sac. […] À la simple découverte de ces fragments de débris et de déchets, on était transporté dans le monde de la préhistoire moderne. Les produits du Devon, des traces de la technologie silurienne, toutes les machines de la Haute Période carbonifère dans ces vastes dépôts de sable et de bouc.

C'est par ces mots que Robert Smithson, l'artiste pionnier du *Land art* américain, décrit vers 1960 son arrivée à proximité du Grand Lac salé de l'Utah. Il ne cache pas ses émotions contrastées, suscitées par ce lieu rendu insolitement beau à force d'avoir été saccagé par l'avidité des chercheurs d'or puis de pétrole. De même, certains écrivains russes contemporains disent la puissance esthétique perverse que dégagent certains paysages de Sibérie, où des équipements de l'ancienne Armée rouge rouillent solitairement. Les reliefs du progrès brillent parfois d'éclats étranges.

En l'occurrence, pour Smithson, le choc fut complet. Le lac avait tour à tour attiré les convoitises des orpailleurs puis des foreurs de puits, avant que tous ne laissent sur place, parmi une faune et une flore décimées, leur matériel rouiller.

> Il naissait un grand plaisir du spectacle de toutes ces structures incohérentes. Ce site était un témoignage sur la suite de systèmes que l'homme a conçus et jetés à la poubelle comme autant d'espoirs abandonnés.

Pour mieux révéler l'impasse d'une civilisation capable de saccager pareillement de tels endroits, il décida d'œuvrer en artiste, sur place, montrant que ce site était devenu un non-site. Il fit construire sur le lac un gigantesque môle de 480 mètres de longueur sur 4,80 mètres de largeur pour permettre aux bulldozers d'y emmener les terres rouges, les gravats et les boues de remblai qu'il utilisa dans la construction de la jetée.

Vue du ciel, la grande spirale que forme cette jetée est splendide. Elle fait penser aux géoglyphes des Nazcas dans le désert péruvien, qui eux aussi montrent un beau motif spiralé, offert à la contemplation des dieux. Ce que l'on remarque cependant trop rarement, c'est que l'harmonie de la *Spiral Jetty* de Smithson prend une connotation plus désagréable pour qui veut l'emprunter. Avez-vous déjà marché sur une jetée en spirale ? On fait d'abord un grand tour vers le large, puis on revient circulairement vers la rive, dont on s'éloigne à nouveau, mené par des spires de moins en moins longues, jusqu'au point zéro où l'on se trouve enfermé au milieu des chemins déjà empruntés. C'est le *Dead End*, le *terminus ad quem*, l'œil fatal de la spirale qui aurait dû être son commencement, mais qui est ici son aboutissement. La jetée n'ouvre sur aucun large. Le môle fait face à un horizon bouché. C'est que tout s'effondre et s'arrête dans les eaux rouges et boueuses du lac souillé :

> Après les pas dans la spirale, nous retournons à l'origine, revenus à un protoplasme pulpeux, œil flottant porté au gré de l'océan antédiluvien. [...] Toute sensation d'accélération de l'énergie disparaissait dans une spirale de matière effondrée [...]. Toute existence paraissait hésitante et stagnante.

Le temps s'arrête au bout de la spirale. Smithson en avait conscience, fasciné depuis toujours par l'entropie. L'on a beau tenter de mettre de l'ordre dans le devenir, l'altération par le chaos est la plus forte, qui dissipe les formes. Les belles promesses du progrès se noient dans les boues d'un lac infréquentable.

La jetée de Smithson elle-même ne tarda pas à être recouverte par les flots, ce qu'il n'avait pas prévu mais qu'il accueillit favorablement, y voyant la confirmation d'un processus entropique plus puissant même que l'art qui voulait le révéler. Même son allégorie n'eut pas le dernier mot. Sa spirale de la fin des temps fut rongée par le temps en personne. Quant à lui, magnifique et lucide prophète de l'âge des catastrophes dont le portrait, avec ses grandes lunettes de soleil, est une œuvre à lui seul, il disparut aussi, le 20 juillet 1973, dans un accident d'avion alors qu'il survolait un prochain *Earthwork*. Quelques secondes de chute, et son temps était révolu.

Robert Smithson, *Spiral Jetty*, Land art, Grand Lac Salé, Salt Lake City, Utah, États-Unis, 1970

NO FUTURE : LE COMPTE À REBOURS

Le temps joue ici un rôle très différent de celui d'adjuvant à la croissance des ultraforces. On l'a dit, il a mille visages et peut recevoir autant d'interprétations. Mais si, depuis la Modernité, il œuvrait de concert avec les choix civilisationnels d'un Occident cloné sur toute la planète, si ce temps agissait comme une *vis a tergo* en faisant croire aux apôtres du

Progrès qu'ils surfaient pour ainsi dire sur la vague de l'Histoire, il est en train de tourner casaque. D'allié, il se fait opposant. Il offrait l'énergie du devenir, le voici qui plombe l'avenir. Car la nouvelle court sur toutes les ondes depuis des décennies, et a pris ces années-ci l'allure d'une prophétie dont on fait des best-sellers : nous n'avons plus le temps. La catastrophe est annoncée. Le climat change, les populations se déplacent, la biodiversité est en chute libre, l'horizon est sombre. Le slogan *no future*, forgé par des punks européens qui vivaient sous la menace des missiles soviétiques pointés sur les capitales européennes en signe de réciprocité, peut reprendre du service. Il n'y a plus de futur, voilà ce que les enfants apprennent en classe. La catastrophe est la promesse d'un avenir biffé : c'est l'effondrement, le gigantesque *collapse*, comme on dit en anglais, dont rien ne doit sortir indemne.

La finitude est une donnée existentielle qui fait de la vie humaine un exercice d'autant plus difficile qu'il est bref. Cette finitude ne semblait pas, il y a encore un siècle, concerner les grands tigres, les moineaux, les poissons des rivières ou certains insectes. L'idée paraissait réservée aux seuls humains : elle était la rançon de leur conscience. Pourtant, avec la propagation de l'activité humaine sur la planète, c'est comme si la finitude elle-même s'était diffusée. Elle concerne désormais bien des animaux. Les chiffres sont alarmants : ils proposent une nouvelle mesure, celle du temps qui leur reste, avant que leur population soit décimée.

Ce temps qui *reste*, s'exprimant dans la notion de Délai, est une invention assez récente. Sa mesure est à la base du fonctionnement des appareils électroniques : le temps, pour un ordinateur, n'est évidemment pas le temps vécu, mais le temps qu'il lui faut pour accomplir une suite d'opérations. On le retrouve dans les GPS et les temps de téléchargement. Avec la progression du savoir statistique, le calcul des durées restantes s'est affiné. Pour chacun de nous, des tables précises qu'utilisent notamment les assureurs peuvent dire notre délai, qu'on appelle plus positivement « espérance de vie ». *Mors certa, hora incerta* : c'est là une nescience humaine que la science, petit à petit, cherche à mieux déterminer. Il est plus que probable qu'avec les possibilités de prolonger la vie dans un état végétatif et grâce à l'assouplissement des mesures d'euthanasie, on parvienne dans quelques décennies à des discussions en famille, informées, voire détendues, sur *la bonne heure* pour mourir. Mieux connu, le délai est moins tabou.

Toute l'ironie est que ce Délai est devenu global. Avoir le temps ou ne plus en avoir vaut aussi pour la planète telle que nous la connaissons. Il ne faudrait en effet pas penser que c'est la « nature » elle-même qui est menacée. La Terre a connu la vie sans l'homme, et tout indique qu'il en sera de même si l'homme venait à disparaître ou à muter. Le délai ne concerne donc pas la vie sur Terre, mais une certaine vie menacée par le changement climatique, la pollution, la sixième extinction des espèces, l'épuisement des ressources, tous phénomènes en croissance qui conduisent presque inéluctablement à de graves problèmes sociaux.

Une nouvelle figure du temps s'impose. Ce schème apporte un démenti à l'idée d'une durée indéfinie, où pourrait s'inscrire une croissance perpétuelle. Désormais, les nouvelles contraintes rendent la durée obsolète : *ne plus avoir beaucoup de temps*, telle est la formule avec laquelle il faut vivre. On a basculé dans la temporalité du temps de la fin, ce qui existentiellement est pour le moins problématique.

APOCALYPSE DE PATMOS À PARIS

La fin du monde, sujet obsessionnel de l'humanité depuis des millénaires, est clairement la fin des temps. Qu'elle soit peinte sous les traits d'un retour du chaos, d'un déluge ou d'une Apocalypse – terme qui signifie « dévoilement » –, avec son cortège de monstres et de renversement des ordres, elle se présente toujours comme l'annonce d'un mouvement de bascule radical, sensible déjà à quelques premiers signes qui ont leurs herméneutes. Ses penseurs, c'est là leur mérite et leur puissance, réfléchissent dans le temps. Ils sont les vrais diachroniques de l'époque, qui s'arrachent au présent et aux facilités de la synchronie et, prenant psychiquement de l'avance, s'organisent en une avant-garde dont la mission est d'aller au contact de ce qui leur paraît fatal. Un certain courage leur est nécessaire, et même une certaine abnégation. Quitter les charmes du présent pour ausculter les gouffres de l'avenir demande comme une insensibilisation à l'actuel, qui du reste n'est pas sans interroger.

J'avais été frappé, en visitant l'île de Patmos où Jean, dont on ne sait s'il est aussi l'auteur du quatrième Évangile, rédigea son Apocalypse aux alentours de l'an 95, que la grotte où il avait ses quartiers ressemble à ce point à un coin de paradis. Quelle vue ! Tout autour miroite le bleu profond d'une mer qui a inspiré les grands poètes de la Grèce. Et quelle végétation, quel équilibre entre des plantes grasses et râblées, faites pour supporter le cagnard, et d'autres capables d'une prodigalité de baies et de petites fleurs, signe qu'il y a de l'eau.

Or Jean, dans cet environnement où les riches pragmatiques du XXIe siècle, très conscients de leur finitude, n'ont qu'un désir, se faire construire une villa *avec vue* pour leurs vieux jours, Jean, donc, dans ce lieu splendide, imaginait des monstres, des trompettes, les murs de Jéricho qui tombent pour la dernière fois dans des hordes de feu ; la mer allait devenir sang, les étoiles tomberaient du ciel, les pourtant sympathiques sauterelles s'élanceraient hors du puits de l'abîme, avant que les armées de Gog et Magog ne déferlent et que la Bête ne sorte des flots. Tout ce qui pouvait faire mal, faire saigner, faire peur, réveiller les plaies de la culpabilité et l'angoisse de mourir, il l'écrivait sur ses petites tablettes, en suçotant sans doute une olive fripée. Je ne sais s'il disposait de vin bizarre ou de champignons particuliers, l'hypothèse d'un *bad trip* n'étant jamais à exclure en ces matières mystiques. Il faut en effet être psychoactivement *chargé* pour sortir de son cerveau tant d'horreurs ! Mais quel exploit, par ailleurs… Quel raffinement dans cette dramaturgie qui offrit aux peintres des époques ultérieures le plus fantasmatique des programmes iconographiques, depuis Bosch avec son *Jugement dernier* jusqu'à Michel-Ange sur le grand mur bleu de la chapelle Sixtine. Et qui, également, fit peur à des générations d'âmes crédules, leur enjoignant de marcher droit sous peine que l'Enfer s'ouvre soudain. Car ce qu'ils voyaient, c'était déjà le Délai : les temps sont proches !

Jean de Patmos a-t-il *vu* le futur ou a-t-il *fait* le futur ? C'est une question qui fait débat. Tout rationaliste sait évidemment qu'il n'a vu que ce qu'il voulait voir, et qu'il a fait de cette vision un argument de conversion dont se sont emparés, à une époque d'amorce d'une foi nouvelle, les propagandistes du Salut. C'est en cela qu'il a fait le futur et marqué tout l'imaginaire occidental.

Or voilà que revient la conscience du Délai et l'annonce de la catastrophe. Elle est écrite à Paris, où l'on n'a certes pas la vue de Patmos, mais qui est tout de même l'une des plus belles villes du monde, et diffusée par des éditeurs qui, en un seul clic, peuvent l'envoyer jusqu'en Nouvelle-Calédonie. Elle est aussi écrite à New York, à Francfort, à Rome : dans les endroits les plus confortables et les plus pacifiés que cette planète a jamais connus. Mais les lieux d'émission du fameux message ne déteignent pas sur son contenu : la fin de ce monde est pour demain, voilà qui est dit. La diachronie, ici, joue à plein, comme capacité de fuir l'immédiateté et ses charmes pour se transporter dans un futur de douleur. Car ce qui est annoncé est le plus sombre des scénarios, et ce n'est, à lire les prophètes de l'effondrement, que dans la famine et la maladie que les survivants prononceront le mot

« résilience »... Il en faut, donc, de l'abnégation du présent, pour accueillir le poids de l'avenir.

Les collapsologues pensent dans le temps ; ils sensibilisent à une nouvelle temporalité, qu'ils cherchent à documenter avec précision. Et c'est en cela que leur message a une autre portée que celui de leurs nombreux prédécesseurs qui se sont relayés pour annoncer la fin : le futur dont ils parlent existe sur un autre mode que l'imagination. Il fait l'objet de prospectives scientifiques sérieuses et sans doute irréfutables qui, en suivant les courbes d'évolution des modifications anthropocéniques déjà enregistrées, les prolongent jusqu'au point de bascule. Dans bien des cas, comme celui de la chute massive de la biodiversité, les données imposent une indéniable réalité. Le Délai serait-il le nouveau nom du Destin ?

Une nouvelle fois, revient donc cet air connu, dans un contexte qui n'est plus existentiel mais civilisationnel : nous n'avons pas le temps, nous n'avons plus temps... De loin en loin, ces paroles résonnent en forme de rengaine, mais prennent soudain un sens plus grave car la faute de temps pourrait bien accélérer la fin de ces écrins labyrinthiques que sont nos villes et nos environnements. Le temps fait défaut, et chaque jour qui passe dans l'inaction amplifie le manque et amenuise le Délai, c'est-à-dire l'intervalle de jours restants. Après le Destin, après le Progrès, après l'Hypertemps dont il est la conséquence, vient cette revanche du temps qui envahit les banderoles de toutes les manifestations en faveur du climat et les sites web de toutes les associations environnementalistes : *No time to waste !*, Il est trop tard !,

It's time to act !, Les calottes sont cuites, *Water is coming*, Demain je veux vivre, ou encore, avec l'humour comme politesse du désespoir : La mer monte et j'ai piscine au Bac.

LE TEMPS D'UN VIRUS : HISTOIRE D'UN BASCULEMENT

« Les hommes normaux ne savent pas que tout est possible », écrivait Hannah Arendt. On a compris la profondeur de cette assertion au début du premier confinement, lorsque chaque jour s'est mis à ressembler à un dimanche sans voiture, et même sans vélo. Quand Arendt dit que tout est possible, cela signifie que l'on ne peut exclure que trois milliards d'humains doivent abdiquer leur liberté de mouvements et se cantonner à passer de l'écran à la fenêtre, du livre à la table. Prononcée avant la crise, cette prédiction aurait gêné même les plus zélés des collapsologues. Elle est cependant devenue la réalité la plus commentée de l'année 2020.

Tout est possible. On croit être habitué au réel, on pense « savoir comment cela marche », et donc pouvoir exclure *a priori* des configurations qui ne ressemblent pas à ce que nous connaissons. Cela n'arrivera jamais, pense-t-on. Et on le croit, parce qu'on se sert de sa propre « normalité » comme critère de ce qui peut survenir. Pour ne pas être mentalement déboussolé ou contredit, on se donne licence pour exclure des scénarios.

Mais l'ordre de la pensée et l'ordre du réel ne suivent pas les mêmes logiques. La première est conservatrice, elle reproduit des schèmes et n'aime guère, hormis par la fiction qui la dépayse, s'aventurer dans l'inédit. Le réel, lui, est tout ce qui arrive. La normalité n'y existe que superficiellement. Il y a les lois de la physique, les régularités biologiques, puis des événements. C'est quand ils font irruption dans l'ordre humain qu'ils peuvent être jugés anormaux.

On s'y habitue vite, cependant. C'est la revanche de la pensée, capable de rompre avec le confort de ses routines et de tenir vite pour acquis que les villes sont hantées par un mystérieux ennemi invisible qui dictera jusqu'à nouvel ordre son rythme aux dépucelés de la normalité que nous sommes devenus. Ce fut inouï, invraisemblable, hallucinant et étrange. Mais ce fut aussi simplement réel. Et tout cela à la fois, en somme, sans hiérarchie… La réalité de l'absurde n'est que la possibilité du contingent. Tel est ce qui arrive lorsqu'un grain de sable s'immisce dans le devenir.

Car le virus est bien vite devenu maître du temps – c'est une grande leçon à méditer, qui résonne avec la possibilité qu'une autre catastrophe n'impose ultérieurement sa temporalité. Il peut toujours y avoir bascule et déséquilibrage, c'est-à-dire entrée dans un temps de la catastrophe, absolument singulier. Accident et catastrophe ont en effet cette particularité de produire leur propre temps : ils ont un début, probablement situé à la contamination du patient 0 de Wuhan, ainsi qu'une fin, qui résultera sans doute des effets combinés d'un vaccin et d'une immunisation plus importante. Mais entre les deux, c'est la grande parenthèse de la catastrophe, le temps anormal dans lequel ni la spontanéité humaine, ni la programmation sociotechnique ne peuvent totalement s'imposer, car le temps du virus et de sa propagation est premier. Le temps de la catastrophe est compact, insoluble comme de l'huile dans l'eau. Il finit toujours par se clore car, *stricto sensu*, la « fin » du temps n'est pas concevable, mais il aura été une séquence historique.

Jamais nous n'avions collectivement suivi l'évolution d'une courbe, obligés ainsi de sortir du synchronisme de nos activités, pour accueillir des intervalles de temps plus longs, pour décliner nos existences sur une autre échelle temporelle. L'événement est unique mais pourrait se répéter, peut-être sous une forme plus grave si les fontes des glaces, depuis le permafrost, libèrent l'une ou l'autre créature actuellement congelée dans le cadavre d'un caribou millénaire. Cela n'est pas impossible. Ou plutôt : nous savons que le possible est large…

LA PLANÈTE-VERS-LA-MORT ? INTERROGATIONS NÉO-HEIDEGGÉRIENNES

L'ombre immense de Heidegger plane encore sur la philosophie contemporaine. Pour preuve, on ne peut s'empêcher d'interpréter notre rapport à un avenir réputé bouché sur une planète en sursis à partir de l'un de ses concepts majeurs : l'être-vers-la-mort (*Sein zum Tode*). L'idée d'une « planète-vers-la-mort » est en effet sous-jacente à la prise de conscience du Délai. En confrontant le concept original de Heidegger à celui qui structure l'inconscient de bien des contemporains parfois plus préoccupés par le destin des rhinocéros que par le leur propre – ce qui n'est pas sans empathie, mais en rien heideggérien –, on verra comment le temps se donne à voir.

À l'idée de la mort, nous nous sommes habitués. Elle est d'abord toujours la mort d'autrui. Bien des viatiques culturels et sociaux existent pour en atténuer l'importance. On se dit qu'elle est le dernier passage, tellement inéluctable qu'il ne sert à rien d'y penser. La fuyant ou l'éludant, la minimisant en maximisant pour certains la croyance en l'immortalité, *on* la met à distance. Or, dit Heidegger, ces attitudes de déni et d'évitement sont indignes du *Dasein*. Plutôt que de se perdre dans le monde et dans le bavardage, il ferait mieux de voir les choses en face, à commencer par ce que l'angoisse paralysante lui montre : bientôt, il ne sera plus. « Avoir le temps » se traduit dans le langage de l'analytique existentiale par : « Être-bientôt-fini ». Sa possibilité la plus propre, la certitude qu'il ne peut esquiver, c'est que c'est lui, en tant qu'être, qui finira un jour pour mourir. Par-delà toutes les pseudo-évidences, ce destin-là est son seul futur indéniable : il est l'être-vers-la-mort qui lucidement doit faire face et se préparer à l'imminence de cette venue. L'authenticité, comme il le dit, est à ce prix.

Or la prise de conscience du Délai écologique part des mêmes prémisses, qui sont une critique de l'insouciance. Nous pensons parfois que tout va bien, que nos conditions de vie sur la planète sont pérennes, et nous continuons à rêver d'un jour visiter les continents lointains. Mais ces pensées-là sont des fuites en avant. Le choc que nous recevrons bientôt, si ce n'est déjà fait, à la vue d'un documentaire engagé, après une conversation ou la lecture d'un livre sur le *collapse* des colonies d'abeilles, c'est que la planète va mourir, sous la forme que nous lui connaissons. Ce n'est plus alors simplement la peur, mais l'angoisse radicale : la mort devient une certitude. Non sans effroi, les théoriciens de la catastrophe font apercevoir que la possibilité la plus propre de l'humain, c'est de voir son environnement s'effondrer, et les crises s'emballer sur « une planète-vers-la-mort ».

Les prises de conscience sont toujours intéressantes. Quand elles s'accompagnent de ce que Heidegger appelait dans *Sein und Zeit* une « résolution devançante », elles peuvent se traduire par de nouvelles attitudes, peut-être justes... La transposition du destin individuel vers le destin écologique, le passage de l'être-vers-la-mort à la planète-vers-la-mort, en obéissant au même processus, peut susciter ce genre de changement. En ce sens, il est intéressant. Cependant, il faut savoir s'arrêter à temps pour ne pas pousser l'analogie trop loin. On a déjà à juste titre reproché à Heidegger de transposer le destin du *Dasein* à un peuple tout entier, qui alors s'est auto-interprété comme un peuple devant se ressaisir dans l'obéissance, la fermeté, et l'invention d'un nouveau destin face à la mort. Cette transposition philosophique est évidemment une impasse : entre l'individu et la société historique, il n'y a pas d'analogie de destin. À plus forte raison n'y en a-t-il pas entre le *Dasein* et la nature en laquelle il vit. Mourir n'est absolument pas la même chose pour l'homme et pour une espèce ; Heidegger, d'ailleurs, le répète souvent en disant que l'homme est le seul qui se sait être.

De surcroît, si la mort est effectivement la plus notoire des possibilités pour le *Dasein*, et qu'on peut à son propos parler de destin, le même déterminisme ne peut valoir pour la nature et la planète. Bien d'autres chemins sont possibles, bien d'autres façons d'évoluer. Les bifurcations sont nombreuses dans les systèmes complexes du vivant. Et puis, la biosphère nous survivra bien évidemment, alors que le *Dasein* ne se survit jamais à lui-même. C'est pourquoi le concept de planète-vers-la-mort, qui structure cependant inconsciemment les discours, doit être relativisé. Il faut bien sûr garder les leçons de la prise de conscience. Mais l'analogie entre la mort individuelle et la mort de la planète n'est pas pertinente, et n'engage pas le même rapport au futur.

L'« AFUTURALGIE », CRIME CONTRE LA JEUNESSE

La récente prise de conscience du Délai fait naître des sentiments inédits. Il nous faut les thématiser pour les apprivoiser. J'aimerais par exemple nommer « afuturalgie » la douleur de se sentir privé de futur. Le Délai n'est en effet pas qu'une donnée intellectuelle ; il a un retentissement émotionnel et affectif profond, qui peut s'accompagner d'angoisse ou de découragement. Tout compte à rebours a quelque chose de fatal, avec lequel il est difficile de vivre. Ce futur que l'on aurait dû avoir, qui allait de soi car le temps, ontologiquement, ne dépend pas de l'homme, voilà qu'il est possible qu'on en soit privé. Comment appréhender cette idée étrange, qui gagne en importance dans l'inconscient collectif ?

Être coupé du passé, c'est le lot commun. Ce que nous avons vécu n'est plus, irréversiblement. Seule la mémoire peut donner un semblant de vie à ce qui est définitivement vécu et qui, à mesure qu'on s'en éloigne, tombe dans les gouffres du temps. « Lorsqu'on regarde sa vie passée, écrivait Châteaubriand, on croit voir sur une mer déserte la trace d'un vaisseau qui a disparu. » C'est la nostalgie qui exprime au mieux la désolation de ne pouvoir revivre ce qui a été vécu, ni retrouver ce qui a été perdu. Étymologiquement, elle est la douleur du « retour » (*nostos*) impossible : elle se remémore le passé, mais avec la conscience bien nette qu'elle en est à jamais séparée. Le passé est isolé, presque magiquement. Il est replié sur lui-même, loin du présent à partir duquel on ne peut que le visiter furtivement dans une évocation qui laissera les tempéraments sensibles à l'amertume de l'existence, plus désolés encore. Car ce que l'on regrette du passé, ce n'est pas tel ou tel moment, telle ambiance, telle insouciance. C'est plus fondamentalement sa passéité que l'on déplore. Toute la dimension irréversible et irrévocable de la temporalité s'exprime dans la nostalgie, qui sait que la spirale ne va que dans un sens, et qu'il n'est pas possible de la replier vers le passé, alors qu'elle s'ouvre vers le futur.

Mais ce futur, précisément, consolation des nostalgiques affligés, avenir au nom duquel on cherche à remobiliser les mélancoliques qui refusent de quitter le souvenir de leurs baisers anciens, ce futur, voilà qu'on le dit aujourd'hui barré, compromis. La nouvelle est encore plus indigeste que la prise de conscience de l'irréversibilité. Que l'on ne puisse revenir en arrière, voilà longtemps qu'on en a pris acte. Mais qu'aller de l'avant – ce qui se dit *progresser*, on le sait – ne soit désormais plus une option, c'est là une idée qui est presque impossible à assimiler. Elle va contre le sens du temps. On aurait dû disposer d'un avenir frais, nouveau, d'un futur qui n'est pas structuré encore par les contraintes de l'être, mais qui est plein d'une énergie qui servira celui qui s'en emparera. Et l'on apprend que ce sera très compliqué, voire impossible. Se propage, comme on l'a beaucoup vu autour des manifestations sur le climat, la conscience déprimante de manquer de lendemain. L'afuturalgie serait-elle notre avenir ?

Disons-le tout net : l'afuturalgie est un sentiment naturel chez les personnes âgées, mais qui, par une cruelle ironie de l'époque, est inoculée comme un poison à des gens de vingt ans. Il est en effet dans l'ordre des choses que chacun doive un jour déplorer que la suite de l'histoire s'écrive sans lui. L'avenir sera pour les autres, mais lui ne participera pas. Comme Moïse pour qui la Terre promise n'aura été qu'une promesse, comme Piero della Francesca qui décède aveugle le jour de la découverte de l'Amérique, comme Robert Desnos qui meurt dans le camp de Theresienstadt le jour de sa libération par l'Armée rouge ou, comme nous tous, qui nous étions déjà projetés par l'imagination dans la poursuite des événements, l'avenir fait parfois faux bond. Et pas seulement *parfois* : *toujours* ! Dans la majorité des cas cependant, il s'éclipse après une vie remplie. On a ordinairement eu le temps d'être nostalgique avant de devenir afuturalgique. Les belles morts ne sont-elles pas celles où, dans une sorte d'involution sereine, on s'en va retrouver le passé et les êtres chers qu'on y a laissés ? Pour une fois, la spirale peut s'emprunter à rebours. De toute la partition d'une vie, seuls quelques accords résonnent encore, avant qu'ils se perdent dans le silence.

Entre la conscience et la mort, il y a le plus vaste de tous les abîmes. La conscience porte en elle l'impossibilité de *comprendre* la mort, tandis que la mort ne permet absolument pas de déduire la vie, *a fortiori* la vie consciente. Ce hiatus fait que la naissance comme la mort sont des sauts dans l'inconnu. Ce n'est qu'empiriquement qu'on y glisse très progressivement ; mais philosophiquement, les choses sont plus binaires. On est d'un côté ou de l'autre. Ceci éclaire un peu mieux l'afuturalgie : en réalité, elle est toujours douloureuse, mais à mesure qu'on avance en âge, à mesure qu'empiriquement le *temps que l'on a* se réduit, l'idée d'un saut dans l'inconnu se précise. Qu'il soit acceptable est une autre question – il reste toujours en lui quelque chose de scandaleux –, mais du moins s'y habitue-t-on. De vieilles personnes en viennent même parfois à dire qu'elles ont l'impression que la mort les a oubliées. C'est qu'elles sont désormais par-delà l'*afuturalgie*. Elles ne peuvent regretter l'avenir qu'elles n'ont déjà plus.

Ce sentiment a ainsi originairement une connotation sénile. Il y a une morbidité dans le fait de se sentir privé d'avenir. On se dit qu'il est trop tard, qu'il n'y a plus d'espoir : le Délai imparti se termine. Si tel est bien le cas, quelle étrangeté alors que de voir ce schème temporel se répandre parmi une jeunesse qui, biologiquement, a de colossales réserves d'avenir ! Quel retournement curieux, que de voir des adolescents qui n'ont même pas eu le temps d'éprouver quelque nostalgie, faire déjà profession de foi afuturalgique !

Avoir le sentiment de n'avoir pas de futur quand on n'a pourtant que cela, voilà la grande perversité de l'époque, qui doit nous rendre très prudents et même sceptiques dans la manière d'user de cette catégorie. Le plus élémentaire des devoirs envers la jeunesse est de ne pas lui livrer un manque d'avenir, ni concrètement – ce qui signifie qu'il faut agir –, ni intellectuellement, ce qui nous oblige à déboucher l'horizon, à investiguer pour savoir si d'autres schèmes temporels peuvent naître, car le Délai ne peut être le dernier mot.

La responsabilité morale des intellectuels est ici engagée. Il y a comme un crime contre la jeunesse que de lui répéter qu'elle est la génération des *tard-venus*, des héritiers du monde de l'abondance qui n'en profiteront pas, ou encore des avant-derniers. Les choses sont infiniment plus compliquées. On ne peut traiter les enfants, les adolescents et les jeunes adultes, comme des Moïse à l'envers, qui seraient nés dans la Terre promise – ou dans son ersatz, difficile de savoir ! –, et à qui l'on expliquerait qu'il leur faut maintenant retourner dans le désert. Car c'est parfois l'impression que donnent certains théoriciens du catastrophisme : tout est fini, l'abondance était pour nous, pour vous restent les déchets nucléaires et la pollution des océans – et si vous voulez en savoir plus, achetez nos livres. C'est incomplet, évidemment, et même injuste. Il y a là un crime contre le devenir, contre le sens du temps : une mécompréhension coupable de la chronosophie.

Stigmatiser les humains d'une triple tare, à savoir d'être les *bourreaux* de la planète, les *victimes* du capitalisme globalisé et les *frustrés* du système, pour ensuite leur dire qu'ils n'ont plus le temps de s'en sortir : voilà le point zéro où mène la spirale du Délai. On ne peut accepter ce *dead end* déprimant. Voilà le point d'où il faut partir pour repenser un avenir.

III

Synchronie

Penser en 4D

EXTENSION DU *NON FINITO*

Penser que Destin, Progrès, Hypertemps et Délai se succèdent simplement et meurent d'accoucher de leurs successeurs serait une erreur. Ils restent, tantôt tapis dans l'ombre et tantôt à découvert, des cadres de référence pour nos actions comme pour nos pensées. Ils continuent à nous influencer, à dicter réflexes et préjugés. Leur coprésence est à la racine de bien des problèmes actuels car elle est agissante sans être analysée.

Nous nous servons souvent d'un vieux schème pour justifier une manière inadéquate de traiter la question de la famine et de la pauvreté, par exemple, et nous expliquons notre inaction en nous référant inconsciemment au Destin, alors qu'affronter ces tragédies avec les réflexes de l'Hypertemps permettrait de mieux soulager les souffrances. À l'inverse, quand on aborde les questions environnementales avec la catégorie de l'Hypertemps, une confusion s'installe, car il condamne à ne pas comprendre le temps de l'écologie. C'est plutôt le Destin qui conviendrait, avec sa culture de la patience, qu'il faudrait parvenir à métisser avec le Délai et son sentiment d'urgence. Ce Délai cependant, même s'il est sur toutes les lèvres et colonise les consciences, est inapproprié pour penser l'existence en général, et celle des jeunes en particulier. On a dit le crime contre le devenir qu'était cette pétrification dans le fatalisme, qui finalement est un nouveau Destin. Comme en bien des matières humaines, c'est le Progrès dans sa double composante utile et subtile qui paraît le plus propice à mobiliser l'avenir.

Nous disposons d'un large éventail de référentiels, dont nous usons trop peu, conditionnés que nous sommes par les plus récents, en l'occurrence l'Hypertemps et le Délai. Mais on ne peut tout aborder en se référant au présent intense et au futur bouché. Il faut aussi savoir convoquer la puissance du passé et ouvrir des brèches vers un futur alternatif. « Quand le seul outil est le marteau, disait Paul Watzslawick, l'un des grands thérapeutes de l'école de Palo Alto, tout problème devient un clou. » Quand on décide, face à une terre épuisée par les monocultures, d'augmenter la dose d'intrants chimiques pour conserver les rendements, on réfléchit dans l'Hypertemps alors qu'il serait tellement *naturel*, justement, de penser selon le Destin. Il faut parfois aller à contre-courant.

Penser en quatre dimensions force à abdiquer des certitudes et à voir le monde autrement. S'il m'a paru nécessaire de décrire chacun des schèmes, c'est pour montrer combien ils structurent en profondeur les mentalités, du point de vue de la civilisation comme dans les vies personnelles. Rien n'est plus fondamental que le temps, mais rien n'est aussi discret et silencieux. Pourtant, tout vient de lui et y retourne. Les interprétations et constructions intellectuelles que nous plaquons sur ce Grand Neutre, ce mystère métaphysique, conditionnent nos existences. En prendre conscience est un premier pas dans la pensée en quatre dimensions. Un second pas est toutefois nécessaire. Car jusqu'ici, pour les besoins de l'exposé comme par fidélité au déroulé historique, les schèmes ont été abordés selon leur ordre de succession. La diachronie est le plus commode des procédés narratifs. Elle ne suffit cependant pas, car elle risque de faire croire à tort que certains modes de pensée sont révolus. C'est une erreur, ils vivent et survivent, ils se télescopent et interfèrent les uns avec les autres dans une bataille dont nous sommes les témoins et les victimes. Car nos catégories, selon les usages, sont pour nous des outils ou contre nous des armes. Ils sont ambipotents.

Et la question est d'autant plus actuelle que jamais une civilisation n'a vécu la coprésence de quatre schèmes. Certaines époques en avaient un, d'autres deux ; mais quatre, voilà qui n'existe que depuis les années 1970, dans un monde d'abondance qui repose sur une série de couches encore actives et agissantes. Le principe qui domine ici, fidèle à la logique de la spirale, est le *non finito*.

Évoquer l'antique Destin, puis analyser le Progrès en faisant des allers-retours avec le présent de l'Hypertemps et du Délai, ne peut se faire que si l'on accepte le *non finito* des événements. Rien n'est jamais totalement clos, aucune page n'est jamais complétement tournée. Certes, il est des conceptions qui nous semblent bien éloignées de nos mentalités. L'archaïsme du Destin ne fait aucun doute. Et pourtant, ne peut-on dire qu'il survit dans certaines mentalités ? Et qu'une personne frappée par la maladie n'aura pas tendance à survaloriser la malchance, voire à lui prêter des intentions néfastes à son encontre ? On retombe vite dans cette aube des âges où des pères tout-puissants gouvernaient les premiers hommes.

De même pour ce qui est du Progrès. Sous ses traits optimistes et volontaristes, il n'est qu'une relique historique, déjà fissurée au XIXe siècle, et que l'usage colonial et néocolonial de la violence a ruiné en voulant le propager. Et pourtant, même si nous pensons aujourd'hui « après le Progrès », doit-on dire que sa générosité philanthropique est totalement tarie, et qu'il ne faudrait pas, d'une manière ou d'une autre, le réinventer en le réorientant ? Le Progrès, noble idée finaliste, s'est vu défiguré par ses moyens. Il persiste en tant qu'idéal régulateur, dans les pensées de la transition ou dans les nouvelles alliances entre écologies, économies et technologies. L'idée d'un progrès subtil, qui viendrait compléter et calmer l'empire du progrès utile, doit être cultivée.

Ainsi, d'anciennes idées vivent encore et ne demandent qu'à reprendre du service, sous la poussée du présent. Ce n'est pas toujours une bonne nouvelle. Tout dépend de l'idée en question ! Mais la vie de l'esprit est telle, en ses libres qualités qui le font zigzaguer dans l'histoire plutôt que de suivre la stricte chronologie des événements, qu'il est toujours capable d'aller rechercher d'anciennes doctrines en se demandant si elles ne pourraient servir. Rien, en la matière, n'est jamais fini. Aucune idée ne peut être déclarée morte, même si l'on pourrait avoir intérêt à éviter sa résurgence. Telle est en effet le jeu très qualitariste de la mémoire que d'être capable d'aller chercher, par-delà l'ordonnance chiffrée des années, des pépites saugrenues et les accorder au présent.

Il est bien clair que ces réminiscences étranges, que bon nombre d'intellectuels convoquent quotidiennement, n'aident pas toujours à la clarté de leur propos. Entre l'influence d'un penseur de la révolution américaine, l'évocation d'un présocratique et la citation d'un romantique allemand, la cohérence est difficile à trouver. Mais c'est pourtant ainsi que vit l'esprit, peu freiné par les contradictions. La vie psychique est infiniment plus riche, plus trouble, hésitante et hasardeuse, que ce qu'en retient le langage, avec ses ordonnances sémantiques forcées. Le primat du passé pour le Destin, l'attrait du futur pour le Progrès, l'empire du présent pour l'Hypertemps : voilà des caractéristiques très différentes, dites de la sorte. Mais à bien y réfléchir, ne s'agit-il pas d'idées trop typées, qui dans les faits se mélangent et déteignent l'une sur l'autre ? Qu'un attrait du passé persiste dans l'idéal du progrès, et que la futurophilie de ce dernier hantait déjà certains penseurs du Destin, fût-ce sous la forme d'un Paradis à venir, ne peut-on le penser ? Cela n'aurait rien d'étonnant. En forçant l'idée, on la mènerait sans peine vers une version chère à Jorge Luis Borges, où toutes les théories coexisteraient simultanément dans un immense Intellect, faisant fi des chronologies. Dans le *non finito*, parfois, on en fait l'étrange expérience : toutes les possibilités deviennent présentes.

Ce n'est pas la moindre des puissances du temps que d'accorder ainsi à la mémoire le rôle d'un réservoir foisonnant et actif, qui rejette vers le présent des contenus anciens – du moins pour ceux dont le réseau mémoriel, préservé de la dégénérescence, peut encore être arpenté. L'« immense et compliqué palimpseste de la mémoire », comme l'appelait Baudelaire, est la plus vaste des aires de jeu. Ce que nous avons vécu est-il une fois pour toute révolu, enterré ? Nous aimerions parfois le croire, voulant oublier. À d'autres moments, nous convoquons un souvenir pour éviter qu'il ne s'efface. La volonté n'est pas là d'un grand secours, moins en tous cas que l'affect qui guide la mémoire, comme Freud et la neurobiologie l'ont établi.

Certaines rémanences peuvent nous surprendre. Revenant dans un lieu que l'on n'a pas fréquenté depuis des dizaines d'années, il est possible de se remémorer, à partir de quelques indices, les vies qui l'habitaient, des objets et des conversations parfois très nettes et précises, alors que jamais depuis cette époque on n'y avait repensé. Était ainsi enfouie en nous une tranche de vie sur laquelle des couches nouvelles n'ont cessé de se surajouter sans l'effacer. L'extraordinaire mémoire oppose ainsi à la version quantitative forcément diachronique du souvenir, un synchronisme affectif, jaillissant, labyrinthique et parfois chaotique, qui est l'autre nom de ce que nous fûmes, et que nous sommes encore par la puissance du passé vivant.

Le temps est plus capricieux qu'on ne le croit. Si nous usons de belles ordonnances quand il s'agit de le raconter, il est en réalité plein d'agitations, de torsions spiralées et de flux contradictoires. Chacun les accueille à sa manière, et certes toutes les vies diffèrent de ce point de vue-là. La métaphore du liquide, si semblable au temps que déjà Héraclite l'utilisait pour rappeler qu'on ne se baigne jamais deux fois dans la même eau, est ici la plus suggestive. La vie de certaines personnes est comparable à l'écoulement d'un fleuve impassible, du moins en surface. D'autres connaissent de multiples affluences et confluences ; d'autres encore, l'accumulation désespérée d'énergie inemployée devant un vaste barrage. Certains vivent dans un marais, où tout semble aspiré par un sol poreux. Il y a des vies comme des rivières anarchiques et débordantes, pleines de petits tourbillons ; d'autres, qui paraissent sèches, presque éteintes, retrouvent vigueur à la faveur d'un orage et peuvent même déborder. Y a-t-il des vies lacs ? Des vies océans ? Tout cela est aussi singulier et variable que les réalisations de la nature. Aucun concept n'en fera le tour ; on peut seulement indiquer des directions. Une tendance à l'écoulement spiralé : voilà la définition minimaliste du temps.

NOUS, LES ANACHRONIQUES

Comment expliquer la contemporanéité de schèmes si différents ? Comment comprendre que l'Hypertemps et le Destin puissent coexister ? Pour d'autres dimensions que le rapport au temps, cette présence simultanée est fréquente, par exemple pour un individu issu d'une communauté nostalgique d'un passé glorieux et travaillant dans une banque de Hong Kong. Comment s'arrange-t-il de cette double adhésion ? Comment vit-il cette double fidélité ? Ces questions nous mènent vers le domaine de l'acculturation et des métissages.

Le temps fait toujours l'objet d'une âpre lutte. Il n'est pas un milieu pacifié pour l'humain, car il peut être interprété de mille manières. Principe premier de l'existence, il est à ce titre très convoité par des instances qui tentent de l'enrégimenter, de l'utiliser, de l'interpréter.

La première de ces instances est nous-même : nous ne parlons jamais à l'unisson, mais arbitrons les discussions entre les différentes voix qui, en nous, réclament du temps pour exister. J'aimerais ne rien faire ; j'aimerais me promener ; j'aimerais travailler ; je dois travailler ; j'ai faim. Toujours du temps, et rien que du temps, alloué suivant les nécessités et les choix, qui d'abord et avant tout est à disposition de ma liberté. Avoir du temps et donc exister, c'est décider librement de consacrer ce temps que j'ai à tel ou tel projet.

Heidegger puis Sartre ont insisté avec la plus grande clairvoyance sur le fait que la liberté humaine s'enracine dans cette temporalisation de l'être : nous faisons ce que nous voulons de notre temps. Or comme nous voulons beaucoup, et diversement, ou que même parfois nous ne voulons rien, ce qui est encore un désir projeté dans le temps, nous passons notre existence à orienter notre temps dans telle ou telle direction. Cela se fait rarement dans la quiétude. Toute temporalisation est dialectique et conflictuelle, parce qu'elle porte en elle des renoncements et des négations. Si je décide, ce soir, de voir un ami, je ne parlerai pas, pendant ce temps-là, avec ma femme. Se temporaliser, c'est déterminer l'usage que je ferai de mon temps. Or toute détermination est une négation, *Omnis determinatio negatio est*, comme disent les Scolastiques que reprend Hegel.

C'est ainsi contre lui-même que l'individu libre est en lutte. Il doit constamment choisir, donc renoncer, entre des manières de se vivre dans le temps qui s'excluent les unes les autres, et peuvent mener jusqu'au conflit interne. L'impression de passer à côté de sa vie que l'on peut parfois ressentir, n'est rien d'autre que l'intrusion fantasmatique d'un autre rapport au temps. C'est cela que je pourrais faire de mes heures et de mes jours : c'est écrire ou photographier, plutôt que prendre le métro. La dialectique du temps est la tension première dont se nourrit l'être qui choisit et arbitre. Or, même quand cet arbitrage suprême, qui imprime à la ligne de vie ses courbes et ses involutions, se passe sereinement, et qu'il n'y a pas de voix discordante et frustrée qui proteste, quand donc la temporalisation parvient à un certain équilibre, il demeure toutefois une polyphonie en nous. Nous sommes des *polychrones*, des *polyrythmés*, des pluralistes de la temporalité qui vivons simultanément selon des cadences hétérogènes.

Combien de fois, lors d'un travail manuel répétitif et rapide, ne laissons-nous pas en même temps notre esprit divaguer ? Ce sont deux temps qui nous habitent simultanément. La rêverie lente permet parfois de soutenir le rythme d'une cadence intense, par exemple, comme l'analyse Sartre dans *Critique de la raison dialectique*, avec les rêveries érotiques qui rendent supportable le labeur des ouvrières travaillant à la chaîne, leur permettant de s'évader. Une double temporalisation s'enlace en elles, sur deux rythmes différents, qui semblent avoir besoin l'un de l'autre. Or ce n'est là que le début d'une multiplicité : des rythmes en nous, il en existe beaucoup, entre lesquels nous alternons ou que nous concilions comme si nous laissions les tempos improvisés fusionner pour que prenne forme quelque chose comme une musique de vie. La métaphore du chef d'orchestre n'est ici pas recevable, car elle signifierait qu'un moi non temporalisé transcenderait toutes les temporalisations. Ce n'est pas le cas, et c'est pourquoi une session de musiciens qui improvisent est plus fidèle à cette cocréation d'imprévisible nouveauté.

L'être, donc, se choisit des temps de vie. C'est ainsi qu'il est une première fois anachronique : il n'habite pas un seul et même temps, il ne coïncide que rarement avec le *hic et nunc*, mais se déplace librement en des temporalités multiples. C'est à sa liberté souveraine qu'il doit cette richesse. À cela, il faut ajouter que les tempéraments ont leurs tropismes, et que si certains aiment se projeter dans le futur et que d'autres préfèrent jouir du présent, d'autres encore optent pour le souvenir d'hier en lequel ils passent leurs loisirs psychiques. Des déterminismes psychologiques, des contingences cérébrales, une culture et, plus généralement, un rapport à l'existence, provoquent ces inclinations diverses, qui ne sont pas assez remarquées ni prises en compte, mais qui génèrent des différences psychosociales majeures.

Entre le tempérament désireux de se focaliser sur l'heure présente et de chercher à en retirer tout le suc, et celui qui habite déjà le lendemain et se retient de profiter de la vie pour garder ses énergies intactes, il y a une dissemblance majeure. Elle est tout aussi importante que celle qui les sépare de la personne à qui le passé, par la confiance en soi qu'elle tire de ses racines et de ses souvenirs, apparaît comme le plus fortifiant des modes temporels. Ces idéaux-types ne sont jamais purs : nous les mêlons, nous les mixons, nous les métissons, cherchant dans la mesure du possible à ne laisser aucun de ces registres dominer tout le système. Les Hamlet du passé, les Casanova du présent et les Don Quichotte du futur restent les exemples purs d'êtres en qui, par un putsch, un mode temporel a eu raison des autres. Moins théâtralement, l'être tente de s'autosynchroniser en donnant à chaque voix ce qui lui revient, selon ce qui est à vivre. Dans cette polychronie-là, que d'anachronisme et de discordances ! « Nous errons dans des temps qui ne sont pas les nôtres », notait Pascal.

Ce n'est pas tout : la pluralisation doit être menée plus loin. À la dialectique interne entre les rythmes, puis à la dialectique interne entre les modes temporels (passé, présent, futur), vient s'ajouter la dialectique externe entre le temps de l'individu et le temps de la société. Depuis le début, nous traquons cette dialectique, opérant des allers-retours entre le temps de vie et le temps social tel qu'il a été interprété au moyen de schèmes. Ici devient plus clair encore que c'est le plus souvent sur le mode du conflit et de la discordance qu'une liberté accepte de recevoir de nouvelles injonctions temporelles. Le temps qui est pourtant sien, cette liberté est obligée dans le travail ou les rapports sociaux, de le faire autre, c'est-à-dire de donner à autrui le privilège insigne de le structurer à sa place.

C'est ainsi par exemple que la culture temporelle d'une entreprise, avec sa manière de vivre l'urgence ou de surjouer le stress, vient s'amalgamer à une façon personnelle de se temporaliser déjà riche et intrinsèquement conflictuelle. Cela ne va pas sans mal, et tous les individus ne supportent pas les greffes de ce temps externe sur leur manière propre de vivre. Il faut faire sien des codes et des réflexes, parfois en contradiction avec l'humeur temporelle la plus intime de l'être. Mais c'est là le jeu social ; il serait irréaliste de penser qu'il n'a pas de coût.

Toute société est ainsi une entreprise de synchronisation de ses membres. Son empreinte peut être totalitaire, comme on l'a vu dans les heures sombres de l'histoire où les couvre-feux et la gestion rigoureuse du temps s'imposait violemment. Sans aller jusque ces extrêmes, la contrainte du temps social peut aussi être aliénante et déboucher sur une lutte plus franche : on le voit dans les cas de burn-out, qui sont comme des clashs entre des régimes temporels incompatibles. À moins que l'individu ne profite de l'occasion pour apporter, de son propre rapport au temps, quelques libres qualités qui peuvent être profitables aux autres. Il aura fait de sa liberté un usage politique.

Ces jeux, ces distorsions et ces luttes mènent à conclure à un polychronisme global. Contrairement aux illusions trop faciles qui ont vocation à défendre l'idée d'une homogénéité sociale, les temporalités sont extraordinairement plurielles. On comprend comment l'interculturalité vient encore complexifier la question, apportant des richesses supplémentaires. C'est ainsi qu'il est possible d'expliquer la co-présence dans une société comme dans un individu de schèmes aussi antagonistes que le Destin, le Progrès, l'Hypertemps et le Délai. Il est clair maintenant que leur présence simultanée est le reflet, sur le terrain du schématisme temporel, d'une abondance d'attitudes et de rythmes vécus par chacun. À la liberté personnelle de choisir son temps, répond un arbitrage social entre des modes de pensée forcés à coexister, ce qui ne va pas sans créer les plus grandes difficultés. Impossible, en effet, de faire l'impasse sur aucun d'eux : ils demeurent agissants, pour le meilleur et pour le pire.

ICI RALENTIR, LÀ ACCÉLÉRER

Au vu de ce qui précède, les demandes contemporaines de ralentir ou d'accélérer ressemblent plus à des partis pris qu'à des conclusions fondées sur une analyse de la complexité de la temporalité. On a en effet pu lire que l'époque était massivement caractérisée par la vitesse et l'accélération, responsables de quantités de problèmes, et que le salut pourrait résider dans de nouveaux usages de la lenteur. Un ralentissement général serait le remède pour brider la frénésie surexcitée de nos emplois du temps.

Le programme a de quoi plaire, évidemment ; il est comme une promesse de douceur pour une existence reconduite à ses fondamentaux. En étudiant la temporalité du Destin, on la rencontrait déjà, cette vie plus calme et tranquille, qui devait son rythme au temps spontané de l'être et de la nature, plutôt qu'à ses connexions et à ses réseaux. Selon notre lecture par schèmes temporels, le passage réclamé de l'accélération au ralentissement n'est rien d'autre que la demande de repasser de l'Hypertemps au temps du Destin.

Sans doute est-elle à considérer attentivement, mais il faut souligner que ce genre de demande omet complètement le caractère synchronique des temporalités vécues. Elle pense le temps au singulier, alors que les régimes sont nombreux et contradictoires. Elle imagine notre époque tout entière prise dans le présent perpétuel de l'Hypertemps et de ses accélérations. C'est là une illusion. Si le temps de l'urgence règne dans les métropoles, dicte-t-il réellement son rythme aux petites bourgades désertées, qui ne sont parfois qu'à deux cents kilomètres ? Le manque de temps est certes le mal de l'époque pour bien des contemporains, mais il n'est pas la seule réalité. Il n'est que de franchir la porte d'un hôpital, d'un Ephad ou d'une institution carcérale pour rencontrer des individus immobilisés, qui ont devant eux des masses de temps dont ils ne savent quoi faire. Pour eux, tout se noie dans une décourageante lenteur. L'Hypertemps ne leur arrive que par la télévision, qui montre tout le contraire de ce qu'ils vivent. S'ils pouvaient, par procuration, bénéficier un peu de ce tempo accéléré, il y a fort à parier qu'ils s'en assouviraient.

Dans nos sociétés traversées par une irréductible multiplicité de schèmes temporels, un seul diagnostic ne convient pas, pas plus qu'un seul remède. Car de quel ralentissement parlons-nous ? Celui des échanges transcontinentaux ou celui des échanges personnels ? Favoriser l'un au détriment de l'autre, si vraiment ils s'opposent, est peut-être une idée. Mais il ne faut pas oublier que si les avions ralentissent, ils tombent ! Il en va de même pour les vélos... Les processus ont des rythmes propres qui leur sont nécessaires et qui ne sont pas modifiables par décret. Comme dans le débat mal posé entre croissance et décroissance, aucune solution ne peut être générale, il faut plutôt réfléchir en prêtant attention à la pluralité temporelle et en questionnant l'adéquation des catégories et des phénomènes. Car tant de choses ne vont pas assez vite : la construction d'une société plus juste, la transition énergétique ou la lutte contre la bêtise ! On attend toujours le coup d'accélérateur.

À cette demande de sélectivité, s'ajoute une seconde critique plus rapide, basée sur le *value gap*, c'est-à-dire le fossé entre nos déclarations d'intention et les modifications effectives de nos comportements dont nous sommes capables. Dans un échantillon donné de militants pour la décélération, combien sont capables de supporter un wifi qui patine pendant une semaine entière ? Ce n'est pas la vitesse qui est l'ennemi, c'est son usage inapproprié.

CHAQUE CHOSE EN SON TEMPS : UNE THÉRAPIE

Une forêt a besoin d'un siècle pour se reconstituer. Il faut mille ans pour qu'évoluent les grandes circulations océaniques. Un fleuve creuse son lit en plusieurs dizaines de milliers d'années. Quant aux grands cycles interglaciaires, cent mille ans leur sont nécessaires pour se modifier.

Ces échelles de temps ne sont pas les nôtres, mais celles des écosystèmes qui réagissent lentement, ayant une importante inertie et pouvant aussi s'emballer rapidement et de manière irréversible. Ce temps long de l'écologie est bien celui du Destin : il nous dépasse radicalement et paraît comme un donné dans lequel nous nous sommes insérés – *nous*, membres d'une espèce qui a également pris beaucoup de temps pour s'« humaniser ». Or l'humanité interfère avec ces rythmes lents de la nature à la faveur d'investissements décidés parfois en quelques mois, ou de décisions politiques qui dépendent d'un calendrier électoral pressé par le temps médiatique. C'est dans l'Hypertemps que l'on communique et que l'on investit. Puisqu'il en est ainsi, comment penser que de cette béance puisse émerger une conciliation ? Le Destin et l'Hypertemps sont aux antipodes l'un de l'autre. Ils n'auraient jamais dû se rencontrer, et pourtant le font sans cesse, avec pour conséquence l'émergence de la nouvelle temporalité du Délai, qui, en alarmant, ajoute son lot de problèmes.

Jamais l'humanité n'a connu un tel choc entre des temps ; jamais elle n'a été confrontée à des situations où les divers schèmes sont à ce point mêlés qu'un langage commun semble impossible. Les difficultés de communiquer nous en convainquent déjà en matière psychologique : un grand nostalgique et un promoteur hyperactif n'ont à peu près rien à se dire. Cette discordance entre les temps est bien plus sensible encore en matière civilisationnelle, où les intérêts se mêlent et les conflits s'exacerbent. La bataille des temps est incontestablement la source majeure de nos problèmes contemporains. Comment l'affronter ?

La réponse philosophique débute toujours par la même prémisse : il faut commencer par penser correctement. « Toute notre dignité consiste en la pensée, écrivait Pascal. C'est de là qu'il faut nous relever et non de l'espace et de la durée, que nous ne saurions remplir. » Et il conclut : « Travaillons donc à bien penser : voilà le principe de la morale. » Nous ne changerons pas le temps ; nous ne pouvons faire évoluer les modes de pensée que marginalement. Nous ne saurions *remplir la durée*, ni même la moduler, et il y a peu de chance que les injonctions au ralentissement, tout nécessaires qu'elles soient, aient un impact civilisationnel immédiat.

En revanche, nous pouvons débusquer dans notre pensée tout ce qui relève d'une inconscience du temps, qui est la cause d'un mésusage des schèmes. Souvent, nous nous cachons derrière des catégories inappropriées pour ne pas être obligés d'intervenir ou de nous engager. C'est la catégorie de Destin qui est à cet égard la plus commode, car elle permet de faire comme si les phénomènes sociaux étaient intangibles. Par elle, l'atavique se transforme en fatalité, l'habitude est traitée comme irrévocable et intouchable. Il faut juste s'en accommoder, ce qui est l'ancien conseil stoïcien face au Destin : supporte et abstiens-toi, *sustine et abstine*.

C'est exactement ce que l'on a dit pendant des siècles aux femmes victimes de viols. Or que s'est-il passé ? On commence à changer de modèle temporel, grâce à des protestations qui refusent le Destin, catalysées par un mouvement typique de l'Hypertemps, le

MeToo qui s'est répandu sur la planète à une vitesse ultra-rapide grâce aux réseaux sociaux. Vive la rapidité, en l'occurrence, même si elle aurait dû venir plus tôt. Grâce à elle, la question a été rapatriée dans son *temps à elle*, qui est le temps du Progrès, avec sa composante civique de défense des droits, de l'imposition de l'égalité homme-femme, du respect et de la dignité. Cette composante civique, accentuée parfois par la composante matérielle puisque, comme on l'a vu, il y a des échanges au sein de la double hélice du mode de pensée moderne, s'est imposée comme le seul référentiel acceptable. Après la condamnation médiatique qui eut lieu sur-le-champ, vient le temps de la justice puis, celui, plus lent, de l'évolution des mentalités. Le processus est enclenché, et il y a fort à parier que l'on ne reviendra pas en arrière. Nombreuses sont celles et ceux qui y veillent.

Dans tant d'autres domaines encore, l'instrumentalisation du Destin sert à justifier de prétendues incapacités qui sont, en réalité, des manques de volonté. Face à la famine combinée à l'extrême pauvreté, le monde ferme souvent les yeux en se disant que, si elle a toujours existé, il n'y a pas de raison qu'elle cesse soudain, comme si interrompre le cycle de la malédiction était impie. Or il est urgent, justement, de l'interrompre. Dans ces matières, le Destin ne doit pas exister, il est la mauvaise catégorie. Celui qui travaille sur le terrain répudie ce schème et, avec un optimisme tourné vers l'avenir, tente de changer le présent. Ce n'est évidemment pas facile et, dans les cas de burn-out humanitaire, plus fréquents qu'on ne le dit, le découragement naît souvent du poids écrasant d'un passé qui impose ses déterminismes et ses mécanismes de reproduction. Pourtant, il n'y a pas le choix : le Destin est en l'occurrence l'ennemi à abattre.

Aucun passé ne peut justifier qu'une famille meure de faim. Pourquoi, dans ces cas-là, le Délai ne s'impose-t-il pas avec plus de vigueur ? Il ne concerne pas que les ours polaires. Il y a sur cette planète des centaines de milliers de personne pour qui la fin du monde est une épreuve quotidienne : c'est en leur nom, d'abord, qu'il faudrait réactiver le sens du *no time to waste*, en militant en faveur de l'urgence, en accélérant, en cherchant à être plus utile, plus performant, plus efficace. Ces catégories de l'Hypertemps, qui sont parfois les repoussoirs des nantis en mal de *temps calme*, sont en l'occurrence les plus adéquates et les plus nécessaires.

Penser en 4D, on le voit, est thérapeutique, car la démarche conduit à éliminer les erreurs de référentiel. Derrière cette méthode se cache l'idée que certains phénomènes auraient un temps propre vers lequel ils devraient être reconduits. Il faudrait voir jusqu'où cette thèse peut être assumée, car il ne peut s'agir de substantialiser le temps pour en faire l'attribut *réel* d'un objet. Mais sans aller jusque-là, il est certain que les processus doivent se déployer dans les temps qui leur conviennent. On parlera là de *qualité de temps*, en invoquant une notion parlante.

Le militantisme pour passer du Destin au Progrès, à l'Hypertemps voire même au Délai, c'est-à-dire en définitive pour se débarrasser d'atavismes injustifiables, convient ainsi pour certains terrains. Pour d'autres, il s'agirait plutôt d'inverser la vapeur et de retrouver du

Destin. Sur le plan méthodologique, il faut donc noter que la discordance entre les temps ne peut être résolue par la victoire d'un seul d'entre eux. Ainsi, pour les questions écologiques, toute la difficulté contemporaine est de réapprendre le Destin, de laisser certains paysages à eux-mêmes, de ne pas croire que tous les animaux ont besoin d'humains qui les observent et *a fortiori* les traquent, de créer des zones protégées où le Progrès entre le moins possible (ce qui, soit dit en passant, serait un « progrès », ce qui indique le caractère *méta* de la notion, qu'on ne se privera évidemment pas d'exploiter : parfois, le progrès, c'est moins de Progrès…). La Nature a besoin de revenir à son destin, à ses cycles et à ses fantastiques processus d'auto-régulation. L'interventionnisme de ceux que l'on a appelé les sorciers du climat, qui fantasment de détourner les rayonnements solaires ou de refroidir les océans en y injectant tel gaz ou telle inversion de flux, paraît totalement contre-indiqué. C'est, une nouvelle fois, se tromper de schème : résoudre dans l'Hypertemps des problèmes qui sont par lui suscités. La transition ne passe sûrement pas par là, ce qui ne veut pas dire qu'elle ne doive pas avoir une forte composante technologique.

C'est une conciliation qui doit être trouvée entre écologie et technologie, plutôt qu'une stérile opposition héritée d'une métaphysique substantialiste qui opposait nature et culture, à laquelle on aimerait ici substituer une philosophie qualitariste et temporisée. En effet, si les audaces des sorciers du climat ne semblent d'aucun secours, d'autres technologies moins fantasmatiques sont, elles, souhaitables, et urgemment.

Les turbines marémotrices, par exemple, capables de produire de grandes quantités d'énergie et de dessaler l'eau de mer avec de faibles impacts environnementaux, sont des innovations en lesquelles il faudrait investir davantage, afin de soutenir la croissance d'un secteur d'avenir.

LA POSTHISTOIRE COMME MÉTISSAGE TEMPOREL

La peur de ne pas parvenir à monter dans le « train » de l'Histoire hante plus de la moitié des habitants de cette planète. C'est dire que le problème est colossal. L'urgence est de le dédramatiser, ce qui peut se faire d'abord en abandonnant cette métaphore clivante qui compare l'Histoire à un train en marche dans lequel certains parviennent à monter tandis que d'autres, comme dans les films d'Hitchcock, sont condamnés à jurer sur le quai après avoir couru en vain après le wagon de queue. De pareilles analogies sont nocives, tant elles rangent les humains en gagnants et en perdants laissés à leur sort – car la dramaturgie présuppose évidemment que c'était le *dernier* train.

Les perdants en pleurent à juste titre. Ainsi l'écrivain hongrois Laszlo Foldényi a-t-il imaginé que Dostoïevski reçut, lorsqu'il était prisonnier dans un bagne en Sibérie, un texte de Hegel sur la Raison dans l'Histoire. Il raconte que Dostoïevski lut attentivement ces pages où Hegel décrivait la voie royale de l'Histoire ascendante, avec l'Esprit qui gonfle, enrichi des contradictions comprises et dépassées, le Concept qui le suit, et Napoléon sur son cheval, à Iéna, qui incarne cette impériale victoire. C'était là l'Histoire triomphante, l'Universel réalisé, dont Dostoïevski lisait le triomphe. Or plus il lisait, plus il se sentait déclassé et minable. Il n'était pas à Iéna, il n'entendait pas le souffle épiphanique de l'Universel en majesté. Il croupissait dans un bagne, où la Raison s'était perdue quelque part entre les coups, les gerçures et les épluchures de pommes de terre. Le contraste lui fit naître quelques larmes. Mais ce qui le peina, et même l'humilia s'il en avait encore besoin, dans ses haillons et avec ses poux, c'est qu'en lisant il comprenait qu'il n'y avait pas d'Histoire *du tout* pour lui. Il n'était pas dans la bonne, donc il n'était nulle part. C'était soit le triomphe, soit la nuit de la raison. Aucun récit alternatif ne pouvait donner de sens à ce qu'il vivait, qui n'existait tout simplement pas selon Hegel… Peut-être est-ce comme cela que l'on devient écrivain ? Quand il n'y a aucune histoire pour abriter son âme lourde, il faut bien en inventer une.

Tant que l'Histoire sera comparée à un train qui passe, tous les Dostoïevski du monde pleureront. La meilleure chose que l'on puisse faire, c'est donc d'abandonner cette comparaison ridicule pour lui substituer des images plurielles, labyrinthiques, spiralées, dans lesquelles une catégorie ne serait pas triomphante tandis que les autres n'auraient comme destin que « l'accident d'aiguillage » – image qui, elle, est chez Bergson, dans les « Remarques finales » des *Deux Sources de la morale et de la religion*.

Pluraliser l'histoire est la conséquence directe de la prise de conscience d'une pluralité synchronique entre les différents schèmes. Ils devraient tous pouvoir, à leur manière, coexister sans violence. Il est injuste qu'un seul, en l'occurrence l'Hypertemps, ait droit au respect, tandis que les autres seraient des fourvoiements dépassés et des chapitres oubliés. Le penser, c'est chercher à sortir d'une Histoire monolithique pour faire droit à un récit plus choral, polyphonique et polyrythmique, dans lequel chacun est dans son temps, ce qui ne l'empêche pas d'être inscrit dans un cadre plus vaste. La spirale, sous sa forme « méta », devrait permettre de déployer cet imaginaire alternatif.

Le métissage temporel conduit à l'idée de posthistoire. Ce métissage est une réalité vécue. Il n'y a pas de pureté temporelle ; pas de suprématisme schématique ; pas de monolithisme des cadres de référence. De même que nos vies psychiques et affectives font constamment des escapades dans le passé, le présent et le futur, expérimentant des liens entre eux qui obéissent à des logiques atypiques, de même les humains comme être historiques ne sont pas tout entiers de leur époque. Ils sont aussi *non contemporains*, selon l'expression d'Ernst Bloch (1855-1977) dans *Héritage de ce temps*, où il développe une idée très semblable à celle-ci, dont j'ai pris connaissance grâce à un article de Chiara Collamati sur « Le cercle et la spirale chez Sartre ».

Les « non-contemporains » désignent des personnes issues de mondes temporels défunts, par exemple la paysannerie ancienne dans l'Allemagne de la première moitié du XXe siècle, et condamnées à ignorer les codes dominants, à se sentir inadaptées face à la temporalité de la machine. *En retard d'une guerre*, et même de plusieurs, les non-contemporains sont chez Bloch les perdants de la dialectique de l'Histoire, parce qu'ils ne parviennent pas à s'insérer dans le mouvement dominant. Ils en nourrissent une humiliation et une colère que Dostoïevski a éprouvée, et dont le génie de Bloch fut de montrer comment elles furent captées par le parti nazi, qui se présenta dès les années 1930 comme le défenseur des laissés-pour-compte du capitalisme triomphant. Avec ce concept, Bloch forge une intéressante grille de lecture politique : il montre que les ressentiments des non-contemporains de ne pas participer à l'Histoire dominante peut les pousser à s'inscrire dans une autre histoire, de revanche celle-là, qui cherchera à devenir à son tour dominante, dans un cycle fatal. Lorsque l'Histoire s'écrit avec une majuscule, tout le problème est qu'il n'y a qu'une seule première place.

Penser le métissage temporel est une manière d'imaginer des scénarios moins tragiques en partant du constat que la non-contemporanéité est une réalité. Car nombreuses sont les personnes qui ne se sentent plus de ce temps. En 2016 et 2020, l'électorat de Trump était clairement nostalgique d'un âge d'or de l'industrie américaine, qu'ils comparaient à un train formidable dont ils pensaient l'avance éternelle, alors qu'il ralentissait déjà, et que désormais l'industrie s'organisait à coup de mails et de versements bancaires vers Shenzen ou le Vietnam. Se sentant non contemporains, ils votèrent pour le schème qui leur permettait de conserver l'illusion d'un rythme habituel.

En France, le mouvement des gilets jaunes peut également se lire avec la grille du décalage temporel. Bien des revendications exprimaient leur frustration d'être les oubliés d'un Hypertemps de croissance, de délocalisation, de dématérialisation et de management verbeux ; mais eux se savaient vivre dans le monde des lève-tôt, des longs trajets et des craintes pour les échéances de fin de mois. Leur histoire était invisible avant qu'ils ne l'exhibent grâce au textile fluorescent, pour montrer comme c'est frustrant d'être les soutiers d'un processus de croissance dont ils ne bénéficiaient plus. Jusque dans le choix de leurs vareuses, ce sentiment d'avoir été débarqué de l'Histoire en marche s'est exprimé. Car qu'est-ce qu'un gilet jaune, sinon ce que l'on porte lorsqu'une panne nous force à attendre sur le bas-côté, tandis que le trafic suit indifféremment son cours ? Le gilet jaune, c'est l'analogue du mouchoir blanc dont on s'essuie le front lorsqu'on a raté le train vers le futur.

Tant qu'existera une et une seule conception flamboyante de l'Histoire au milieu d'autres qui ne peuvent être que perdantes, tant qu'existera une lutte pour la prééminence dans la bataille du temps, les alternances d'épisodes de frustration et de revanche ne cesseront pas. Bloch, écrivant au temps de la montée du nazisme, signalait assez que leurs débouchés pouvaient être cataclysmiques. C'est pour cela que la notion de post-histoire, défendue notamment par Peter Sloterdijk, a un intérêt : elle cherche à penser, par-delà l'hégémonie d'un modèle, une interprétation de la suite des temps qui ne se réduirait pas à un combat pour la première place. Dès lors, l'imagination sur les modèles à façonner peut se déployer librement. Il peut y avoir un espace d'après les conflits, un espace comme le *Cristal Palace* où s'atténueraient les affects de conquête et de domination. Il peut aussi y avoir – et ce n'est pas antagoniste – une conception de la multiplicité des histoires qui fait droit au métissage temporel.

Les non-contemporains ne devraient pas être des perdants. Et même : nous sommes tous des non-contemporains, des anachroniques qui, par moment, errons dans des temps parallèles. La plus grande liberté serait de laisser à chacun le choix de la manière de se temporaliser librement. Les procès en contradiction doivent cesser. Qu'une personne décide d'aller vivre dans la Drôme, au rythme des abricotiers et des tours de poterie, et qu'elle use simultanément d'une connexion internet du plus haut débit, qu'elle soit convaincue d'une inéluctable hausse du niveau de la mer mais qu'elle milite toutefois pour moins d'écart salarial, voilà qui n'est pas incohérent. Elle est simplement un métis temporel. On a là quelqu'un qui expérimente l'irréductible pluralité des schèmes. Toute la question, dès lors, est de savoir comment penser le futur d'une civilisation pareillement diverse : nos sociétés sont-elles capables de métisser les temps ?

La métaspirale

FUSIONNER LE DIACHRONIQUE ET LE SYNCHRONIQUE

La figure de la spirale a permis de fixer l'imagination sur certains caractères des schèmes temporels. Courbe en laquelle peuvent fusionner l'élément linéaire de la progression et le motif circulaire de la répétition, elle a inspiré aux artistes des variations inépuisables. Parmi ces dernières, figurent les œuvres d'une grande artiste, infiniment prolifique : la Nature. Les coquillages sont une image du Destin, partant d'une origine, s'évasant, puis retrouvant un analogue de cette même origine, un peu plus loin. Pour le Progrès, ce fut la lanterne de la Sapienza conçue par Borromini, ainsi que le projet pour le *Monument à la Troisième Internationale* de Tatlin. La sphère loxodromique d'Escher nous a paru illustrer l'Hypertemps. Quant à la *Spiral Jetty* de Robert Smithson, elle a précisément été construite pour exprimer l'impasse du Délai.

Quatre spirales, donc, pour quatre moments d'une histoire racontée diachroniquement. Or, on vient de le montrer, cette vision doit se transformer pour prendre aussi en compte le caractère synchronique de la situation, puisque les quatre schèmes subsistent et coexistent. Le Destin est extraordinairement plus ancien que l'Hypertemps, ce qui signifie qu'on ne peut se passer de diachronie. Mais la synchronie décrit notre expérience où « le mort saisit le vif », comme disait Antonio Gramsci, et même où le mort ne meurt pas entièrement, mais persiste et prospère, dans une histoire qu'il faut penser comme cumulative.

C'est ici encore, et pour la dernière fois, une spirale qui se présente à l'imagination. Car si la spirale classique a permis de fusionner le linéaire et le cyclique, une métaspirale devrait permettre, à un niveau supérieur, de fusionner le diachronique et le synchronique. La même logique et le même motif sont à l'œuvre, mais embrassent cette fois la construction entière, en la laissant bien sûr ouverte.

Cette métaspirale commence par le Destin, qui est le foyer autour duquel elle tourne d'abord longuement, déployant sur des spires de plus en plus larges un rapport au monde qui a tendance à se propager. Mais déjà dans ces prémisses, apparaît le motif du Progrès. Qu'est-ce en effet que l'invention du feu, sinon l'ouverture d'une nouvelle lignée en spirale, intriquée à celle du Destin qu'elle remet en cause ? Et que signifie le sacrifice d'Antigone, sinon la naissance d'une rébellion contre un ordre immuable ? Le Progrès s'insère dans le Destin dominant, tous deux s'élargissant, assimilant des motifs plus nombreux. Il y a diachronie car on avance dans le devenir, et synchronie car déjà ces figures de l'Ancien et du Nouveau se font face et rivalisent. Avec la Modernité, le Progrès s'affirme à travers de nouveaux savoirs et discours ; il se répand, il dessine des spires de plus en plus larges, touchant des motifs plus nombreux. Le Destin reste présent et agissant ; il est même parfois réactivé pour contester le Progrès, par exemple dans le discours dogmatique ou nostalgique. Les deux motifs se tissent et s'opposent, tantôt se serrent et tantôt se distendent, mais en évoluant toujours, en se transformant dans un devenir qui ne s'arrête pas plus que le temps.

A la tresse qu'ils forment vient s'ajouter l'Hypertemps, qui se nourrit des autres, qui radicalise le Progrès, qui devient à certains égards comme un nouveau Destin, mais qui, s'il succède, n'interrompt pas ce qu'il précède. Les trois schèmes coexistent, chacun cherchant à s'affirmer au mieux, rivalisant avec les autres, créant toujours de nouvelles hybridations. Aujourd'hui l'Hypertemps triomphe : ses spires rapides, accélérées, exponentielles, sont les plus visibles et les plus flagrantes. Mais les lois du *non finito* et les logiques de réactivation sont telles, que les autres catégories continuent à prospérer et à participer à cette étrange tresse.

S'y ajoute le Délai. Il n'est pas une création *ex nihilo*, car il hantait déjà les discours du Destin qui promettaient l'Apocalypse. Cependant, dans le sillage de l'Hypertemps dont il dénonce la puissance, il surgit avec sa logique particulière, se mêlant un temps aux autres en prophétisant que certains schèmes vont forcément s'atrophier et disparaître, du fait de la catastrophe climatique qu'il annonce. Et si l'on croit les scénarios les plus pessimistes, la métaspirale devrait alors reprendre sa course, comme dans les romans de science-fiction où débute, juste après une déflagration nucléaire majeure, une nouvelle ère qui s'impose comme un nouveau Destin. À moins, espérons-le (et c'est ce que nous pensons), qu'ils se trompent, que la métaspirale puisse continuer sa course de plus en plus complexe et métissée, dont tant de voix tentent de calmer la violence.

Les mots ont leurs limites. Un peintre figurerait mieux cette dynamique faite d'échanges et de réactivations. Et mieux qu'un peintre encore, un musicien maîtrisant le contrepoint pourrait donner à entendre cette polyphonie en laquelle quatre motifs intriqués se chevauchent sans perdre leurs accords caractéristiques.

HISTOIRE FATALE ET HISTOIRE PLURALE

Après avoir décrit, il faut aussi savoir préférer. La coexistence des schèmes est bien entendu la règle, et nul d'entre eux ne peut s'arroger le droit de triompher seul au détriment des autres. En outre, on l'a dit, chaque mode de pensée peut être propice à traiter des problèmes qui se posent selon la temporalité la plus adéquate. Ce n'est pas non plus vers un relativisme mou ou opportuniste qu'il s'agit d'aller. Des rapports divers à la liberté, à l'égalité et à la qualité sont en jeu derrière ces schèmes, et il est important de savoir choisir et favoriser. Dans la polyphonie, certaines voix méritent de se faire entendre tandis que d'autres gagneraient, pour le profit de l'ensemble, à descendre d'un ton.

Un critère peut justifier notre préférence, qui se présente comme la distinction entre deux formes d'histoires : l'une qui serait fatale, l'autre plurale. L'histoire fatale est celle que l'on ne fait pas, qui ne dépend pas de nous, dont on est le spectateur passif, voire la victime impuissante. Est fatal ce qui s'impose par la force ou la contingence, et devant quoi nous sommes vulnérables et inefficaces.

À côté d'elle, il existe cependant une histoire plurale, qui englobe la force et la contingence, car elles sont irréductibles, mais qui donne aussi leur chance à d'autres voix, si bien qu'elle institue entre elles un dialogue qui peut être une confrontation. L'histoire plurale est celle où la liberté et l'action peuvent avoir un sens, sans prétendre qu'elles sont tout, mais sans non plus nier leur capacité d'initiative.

Entre l'histoire fatale et l'histoire plurale, c'est finalement la place de la liberté qui se joue. Dans la première, elle est minime et médiocre ; dans la seconde, elle peut s'affirmer. La pluralité des acteurs et des influences a ici un effet antifataliste, qui permet une délibération sur la direction à suivre. En somme, l'histoire plurale est celle où peut se produire une réappropriation collective du destin (avec des poids divers pour les divers membres du collectif, ce qui est le sens politique de l'adjectif « plural »).

Si l'on applique cette distinction aux quatre schèmes temporels, force est de constater que trois d'entre eux participent à l'histoire fatale. Pour le

Destin, cela va de soi. Le nom latin *fatum* l'exprime en indiquant que le destin régit aveuglément des vies. La place de l'Hypertemps dans l'histoire fatale peut paraître plus ambiguë : elle est en effet dominante dans une époque technologique en rupture avec les déterminismes destinaux naturels. Pourtant, l'Hypertemps peut agir comme un nouveau Destin. Les ultraforces qui y règnent s'imposent dans les domaines de l'énergie, de la finance, de l'infrastructure et des grandes plateformes de communication, sans qu'il soit vraiment possible de les infléchir par le jeu de la libre discussion. L'ultraforce est dans une logique d'antirapport : elle est trop puissante, trop immense et d'une échelle disproportionnée pour que sa logique se plie aux exigences du jeu démocratique. On ne dicte pas sa loi à Google, qui dicte la sienne partout. C'est en ce sens que l'Hypertemps est comme un nouveau Destin : une alliance de technologie et de capitalisme monopolistique qui structure le présent, d'une manière certes en bien des points très intéressante, mais peu démocratique – ce qui est un problème radical. L'Hypertemps participe donc bien de l'histoire fatale : il est l'emblème du néo-fatalisme.

Quant au Délai, lui aussi flirte avec le Destin. Ses hérauts clament que la Nature reprend ses droits, que c'est la vingt-troisième heure et que bientôt il n'y aura plus rien à faire : il sera trop tard. Dans un emballement exponentiel, qui est la traduction mathématique contemporaine d'un déterminisme rendant la raison impuissante, la catastrophe s'annonce imparable. Ainsi, le Destin, l'Hypertemps et le Délai sont trois images de la fatalité.

Tout l'intérêt du Progrès est qu'il n'y participe pas. Tourné vers un futur par définition ouvert et à construire, il suppose une subjectivité qui réclame sa part de décision. Quiconque proclame un intérêt pour le Progrès annonce qu'il compte prendre une partie de son destin en main et, à partir de ce qui est donné, œuvrer dans le sens de ce qui lui paraît meilleur. Pour cette raison, le Progrès constitue toujours une rupture avec le cours des choses, les répétitions et le flux habituel du devenir. Les contestataires du Progrès ont été les premiers à le remarquer, reprochant précisément à cette figure de faire intervenir l'homme dans des domaines qu'il aurait dû laisser indemnes, préservés de ses manies transformatrices.

Le débat reste ouvert, évidemment, et en réactivant ici la figure du Progrès, il est impératif de prendre en compte tous les écueils où il a pu tomber, les autoritarismes technocratiques qu'il a cachés ou les dévastations coloniales qu'il a couvertes. Le Progrès, comme idéologie et non comme schème, a bien du sang sur les mains, à côté de ses hautes réalisations. Il aura été la matrice d'une lecture triomphale de l'Histoire dont on a souligné la violence. Mais comme il est aussi la seule catégorie à faire droit à un rapport au temps non fataliste et à ouvrir sur un futur légèrement modelable, il n'est pas possible de le congédier. Les qualités humanistes qu'il porte sont précieuses et doivent être cultivées.

Comment réactiver le Progrès en le réorientant ? Comment sauver le Progrès de ses errements sans le sacrifier sur l'autel des culpabilités passées ? La question est cruciale pour qui n'accepte pas la fatalité.

Un début de réponse à cette question difficile réside, me semble-t-il, dans le caractère plural du Progrès. Il indique qu'il y a en lui plusieurs tendances, et donc une série de tensions et même de conflits. Contrairement aux grandes figures de l'histoire fatale qui ne semblent pas s'embarrasser de doutes ou d'inquiétudes, le Progrès est un mode de pensée incertain qui toujours se remet en cause. Car ce que veut dire progresser, personne ne le sait vraiment : cela reste un perpétuel objet de débat. Le comprendre, c'est percevoir que le Progrès abrite en lui une dialectique. Il est tout sauf dogmatique. Puisqu'il est une figure constructive, orientée vers le futur, il questionne ce qui vaut la peine d'être construit. Nul *a priori* ici ne devrait prévaloir, et nul triomphalisme progressiste ne devrait plus être de mise : devant le futur, un savant mélange d'humilité et d'audace est requis, dispositions qui entrent aussi dans la composition de la liberté. En cela aussi il est plural, réflexif : il s'interroge, devant la multiplicité des voies empruntables, sur celle qui paraît opportune.

Nous disions que le schème du Progrès a deux composantes, l'une psychopolitique, l'autre matérielle et technoscientifique. Pour la première, progresser signifie aller vers plus d'émancipation politique et de conquête des droits civiques. Pour la seconde, progresser s'entend comme une amélioration de la qualité de vie. La dialectique du Progrès, qui rend sa figure intéressante et complexe, s'établit précisément entre ces deux grandes tendances, avec toutes leurs ramifications, ce qui rend vraiment le Progrès plural. Car toute la question, dans cette dialectique, est de savoir si un progrès matériel (par exemple une transition énergétique ou un nouveau réseau 5G) serait accompagné d'un progrès d'émancipation civique. Il y a débat, c'est le moins que l'on puisse dire. Dans sa version idéale, un progrès sur un plan devrait être accompagné d'un progrès sur un autre, comme si les deux processus se répondaient et se confortaient l'un l'autre.

Si l'on reprend l'image du progrès comme celle d'une double hélice, on pourrait dire que ce cas idéal est celui où il y a réplication d'un brin sur l'autre : les aspects matériels et les aspects de dignité humaine s'épaulent. Le technologique et le civique se complètent et se compensent. Le vaste domaine de la pensée des « transitions » prend ces deux dimensions en compte, et c'est là son grand mérite. Aux cyniques qui objectent que cet idéalisme est une vue de l'esprit, il faut rappeler que les exemples sont innombrables de situations dans lesquelles un progrès matériel et un progrès dans les droits civiques se sont épaulés et consolidés. Ainsi pour la lutte contre la pauvreté et l'accès à l'éducation : la corrélation entre ces deux dynamiques est avérée. L'accès aux réseaux libres de communication et la mobilisation pour plus de démocratie sont également un cas flagrant. On peut aussi pointer le lien entre l'égalité des conditions salariales entre homme et femme et la revendication d'égale dignité. De même encore, les progrès techniques en matière de contraception et d'IVG et le droit des femmes à disposer de leur corps font partie d'un même combat. Dans tous ces cas, qui sont heureusement les plus nombreux, la dialectique entre les deux branches du progrès a fonctionné de manière émulative. L'utile et le subtil ont avancé de conserve.

Malheureusement, ces cas encourageants connaissent également une multitude d'exceptions. Un décrochage des deux tendances a été repéré très rapidement, dès le XVIIIe siècle, et a nourri les critiques des siècles ultérieurs. Celles-ci ont indiqué à raison que la dynamique matérielle et technoscientifique produisait précisément un effet régressif sur les aspects civiques et politiques. Toute la critique marxiste de l'aliénation s'enracine dans le diagnostic de ce décrochage, de cette « désillusion du progrès », pour reprendre un titre de Raymond Aron, où il devient flagrant que les avancées matérielles peuvent se payer de nouvelles injustices sociales. En réalité, partout où le Progrès néglige son caractère plural, partout où il laisse triompher une seule de ses tendances au détriment de l'autre, il échoue. Il se laisse aller au triomphalisme technique et matériel, ou bien il transige avec les dimensions sociopolitiques d'émancipation qui pourtant lui donnent son sens. Il redevient fatal, en quelque sorte, oubliant que son pluralisme intrinsèque réclame d'affronter toujours à nouveau la question démocratique par excellence : qu'est-ce qui nous importe ?

Le Progrès n'a ainsi de meilleur adversaire que lui-même. Il se saborde lorsqu'il croit qu'il est possible de marcher sur un seul pied. Cet état de fait n'empêche pourtant qu'il reste, dans la polyphonie des schèmes, celui qui est préférable. Il est en effet le seul qui accorde une place prépondérante aux questions d'émancipation civile et politique, qu'il traite sans antitechnologisme facile. Car il l'a compris : c'est de la pluralité équilibrée que naissent les améliorations.

QUAND LE PROGRÈS REPASSE

Le Progrès considéré comme une idéologie triomphante est un reliquat du passé. Le paradoxe est cependant que notre civilisation continue son mouvement de progression. Nous n'avons plus guère de mot pour le nommer, et parler de « progrès » paraît parfois suspect. Dans les faits, pourtant, il est incontestable que cette grille de lecture convient encore pour interpréter la situation.

C'est un autre enseignement de la crise du Covid-19, que de l'attester. On voit vite que la manière dont cette épreuve a été traversée en Europe occidentale, avec les disparités que l'on sait entre les pays, a été en nette amélioration par rapport à ce qu'elle aurait été cent ans plus tôt. D'un point de vue médical, un gouffre nous sépare des connaissances et des pratiques de 1920. Les populations ont été rationnelles et raisonnables dans leur ensemble, ne laissant pas trop de terrain aux fausses croyances, et ne lisant pas dans la pandémie le signe d'un châtiment divin. D'un point de vue démocratique, les réelles et dangereuses entraves aux libertés fondamentales ont été temporaires et contrôlées par le parlement. Techniquement, nous avons bénéficié de réseaux qui ont permis de maintenir un ersatz de sociabilité, tandis que la logistique poursuivait sa tâche d'approvisionnement des biens de première nécessité. Face à l'incertitude, les valeurs de probité scientifique n'ont pas été trop altérées. Socialement, des mécanismes d'aide importants ont été mis en place, notamment à travers la mesure de chômage partiel. L'Europe, en fin de partie, s'est réveillée et a repris un rôle central qu'elle n'aurait pas dû quitter.

Malgré les morts et la crise économique, la leçon est que les progrès continuent à faire sentir leurs effets bénéfiques sur les deux tableaux, matériels et civiques. Il aurait bien sûr été préférable que ce virus ne fît pas une seule victime, parce qu'il aurait été jugulé dès son apparition par un vaccin. C'est en définitive ce qui se passe pour quantité d'autres maladies qui ne sont plus menaçantes car nous savons les combattre – des maladies dont le progrès médical a triomphé. Il faut reconnaître des centaines de manquements, des impérities et des ratés, des impréparations et un manque de chance, mais les souligner n'altère pas le tableau globalement positif, à l'échelle d'un siècle.

Pourtant, jamais époque n'a vécu autant de progrès, et jamais elle n'en a été si peu consciente. Elle les accueille favorablement, mais elle en est à ce point blasée qu'à peine salués sont-ils normalisés. On s'habitue si vite ! Qu'un test de dépistage puisse exister, voilà qui nous paraît banal, simplement usuel, et l'on aurait aimé qu'il y en ait des millions, disponibles de suite. Mais ce genre de test s'appuie sur des processus technoscientifiques très complexes qui ne s'obtiennent pas d'un claquement de doigt. Cette réflexion manque le plus souvent. L'exigence est démesurée et l'impatience domine. Nous vivons une époque où l'on trouve que même les TGV sont trop lents – alors qu'on y lit des magazines sur le plaisir de la lenteur retrouvée. Et la moindre coupure du wifi est ressentie comme intolérable, sans aucun égard au maillage fin des antennes et des satellites qui rendent l'invisible technique magique pour ceux qui l'utilisent.

C'est dans ce paradoxe que réside le problème contemporain, et en même temps les pistes pour le dépasser. Car quelle est l'erreur ? Elle est de vouloir la perfection sans le perfectionnement. Elle est d'exiger un progrès achevé et bon marché, tout en demeurant libre de critiquer franchement l'idéologie du progrès et ses thuriféraires. C'est comme si nous en voulions les effets sans en tolérer la mise en œuvre. Le problème est la discordance entre ce que nous voulons, c'est-à-dire un progrès beaucoup plus abouti et en phase avec la pensée des transitions, qui permette enfin une sorte de respect entre culture et nature, et ce que nous avouons, à savoir que toutes les démarches pour y parvenir sont accueillies avec réserve. Le progrès sans l'aimer, est-ce dans cette contradiction que nous nous débattons ? Le progrès magique, est-ce cela que nous souhaiterions ?

Nous pouvons l'identifier, la racine de cette contradiction. Quelle est la différence entre la perfection et le perfectionnement ? Le temps, bien sûr ! C'est lui seul qui sépare l'idéal intemporel de la perfection, de la lente, laborieuse et spiralique démarche de perfectionnement, avec ce qu'elle suppose d'essais et d'erreurs, de confiance et de doute. L'enfant gâté qui croit à la magie ne croit pas au temps. Il veut tout, tout de suite, parce qu'il oublie de temporaliser les phénomènes. Il pense en 3D et pas en 4D. Il se projette dans la finalité, aimerait en avoir fini avant de commencer, mais ignore qu'on n'en a jamais fini, et qu'il n'existe que du devenir. C'est en se confrontant au temps que l'on peut comprendre ce que signifie la « résistance du réel ». Elle déniaise les idéalistes et oppose une fameuse leçon de pragmatisme aux spécialistes du « Il n'y a qu'à... ». Il faut dix secondes pour se dire que telle pièce pourrait être repeinte. Mais il faut des jours pour la préparer, la poncer et la peindre.

Encore une fois, c'est avoir le temps et penser dans le temps qui permettent de transformer notre façon de voir. Comment une crise telle que celle du coronavirus aurait-elle été gérée et vécue en 2070 ? Nonobstant l'opacité du futur, la prospective indique que, si les dynamiques de fond qui nous portent ne connaissent pas de grandes altérations – ce qui n'est en rien certain –, ce genre de crise pourra être bien mieux traversé grâce aux progrès de l'épidémiologie. Mais d'autres crises, peut-être plus graves, pourraient bien sûr survenir... Le paradis n'existe pas, mais en tant que lieu de perfection hors du temps, il reste pourtant viscéralement actif dans nos psychismes. C'est lui qui semble parfois désiré, plutôt que le chemin pour s'approcher de cet inatteignable. Les plus graves malentendus sont alors de mise. Se centrer sur le temps serait plus sage. Car il est même possible de prendre du plaisir en chemin...

L'OCCASION

Toute la question est alors celle-ci : comment faire progresser notre conception du progrès ? Car si le Progrès moderne a montré ses profondes limites – et il est, au demeurant, passé –, la dimension progressiste et réformatrice n'en reste pas moins indispensable. C'est elle qui ouvre l'avenir, c'est elle qui mène la transition : *trans-ire*, c'est « aller au-delà ». Le sens de la métaspirale est de montrer que les schèmes du passé peuvent être réactivés en se modifiant profondément, mais en conservant cependant leur sens temporel. Si par exemple le modèle du Destin doit guider davantage notre rapport à la nature, ce n'est pas pour cela que reviendront avec lui les cortèges des spiritualités antiques. Mais son sens de la patience et son respect pour les rythmes des non-humains seront essentiels. De même pour l'Hypertemps, dont le sens d'urgence et l'excellente infrastructure sont indispensables pour affronter tant de problèmes, mais qui dans le contexte plus large de cette métaspirale ne devrait plus être rivé au seul présent.

Pour qui considère cette métaspirale et réfléchit en 4D, une voie nouvelle s'ouvre. Tel est en effet le sens de la philosophie que de n'être restreinte ni à la diachronie, ni à la synchronie, mais dans la considération de leur mouvement conjoint. Elle est partout et nulle part, accompagnant par la pensée le déploiement de représentations anciennes, et voyant le jeu des réactivations, des stratégies et des chocs. La philosophie évalue les forces en présence. Elle se demande si le Progrès parviendra à se métamorphoser suffisamment pour que le Délai n'ait pas le dernier mot ; elle ignore comment l'Hypertemps va évoluer ; elle le voit devenir Destin, mais il n'est pas impossible qu'il fasse alliance avec le Progrès, car il s'agit d'une nouvelle spire, de nouvelles circonstances.

Toute bataille est unique, et celle qui nous occupe, en raison de la masse de passé accumulée et revisitée par les historiens, et du nombre des prospectives et des scénarios de transition auxquels travaillent les scientifiques, est particulièrement mouvementée. Impossible de dire quelle en sera l'issue. L'optimum serait qu'elle demeure une histoire plurale, sans qu'aucune catégorie ne s'impose fatalement. Eu égard aux annonces les plus pessimistes, ce serait déjà un progrès.

Or dans quel temps évolue l'esprit qui considère cette bataille ? Car même en réfléchissant, nous restons temporels, assujettis à un schème. Lequel ? La philosophie relève-t-elle du Destin, du Progrès, de l'Hypertemps ou du Délai ? À vrai dire, d'aucun de ceux-là. Elle est dans un surplomb : ce qu'elle considère, c'est le jeu conflictuel entre les quatre modes de pensée, sans qu'elle soit tributaire d'aucuns. Elle préfère certes les réactivations du Progrès au fatalisme du Délai, mais ce n'est pas pour cela qu'elle devient « philosophie progressiste ». Son temps est singulier. C'est le temps de qui spécule sur la métaspirale, de qui voit les forces en présence et s'interroge sur l'issue. C'est aussi le temps de celui qui, par la manière dont il raconte l'histoire, cherche à infléchir la bataille. Car il n'y a évidemment aucun *en soi :* la philosophie est toujours située, mais différemment de toutes les autres activités humaines.

Son temps à elle, c'est l'Occasion, qui correspond à un cinquième mode de pensée, sans doute le plus étrange. L'Occasion est le moment opportun, que les Grecs appelaient *kaïros*. Ils avaient compris que si l'Occasion est un schème temporel, car rien ne concerne autant la chronologie que de savoir comment agir et à quel moment, elle n'est en rien comparable au passé, au présent ou au futur. L'Occasion est comme une sortie du temps. C'est pour cela qu'elle est le temps philosophique par excellence : elle suppose le surplomb que la philosophie peut lui donner. Elle comprend la situation, elle voit les forces en lice, elle évalue le tournoiement de la métaspirale et en conclut… qu'*il est temps*. Et même, qu'il est grand temps, comme tant de scientifiques et de militants le répètent : il faut sortir de l'étrange confiance dans le devenir que nous avons, car cette confiance est peut-être devenue notre piège, pour infléchir la situation, pour progresser autrement, nouvellement.

L'Occasion, c'est le temps philosophique de la résolution. La prise de conscience d'une fenêtre d'opportunité, qui signifie qu'il faut agir. C'est donc aussi le temps du dépassement de la philosophie, qui a fait ce qu'elle a pu pour comprendre, mais connaît aussi les limites de la compréhension. Ses batailles sont de papier, et le réel est plus obtus que le langage. L'Occasion, en ce sens, apparaît comme le moment de sortir de la philosophie, de concrétiser la chronosophie.

S'il y a bien un universel humain, c'est celui-là : nous avons le temps ! Un peu de temps… Un peu de temps de qualité, travaillons-y… Et profitons-en !

Remerciements

Toute mon amicale reconnaissance à Paul Garapon, mon éditeur, ainsi qu'à Claire Lagarde qui a relu le manuscrit. Merci également à ma famille, mes amis et collègues.

Entre le 18 mars et le 1er mai 2020, j'ai tenu dans La Libre Belgique *le « Journal d'un philosophe confiné », qui a nourri l'écriture de ce livre (voir www.chabot.be). Que les membres de la rédaction en soient aussi remerciés.*

Il existe bien des bibliographies sur la question du temps, et ce n'est pas ici le lieu d'en proposer une nouvelle. Je voulais seulement mentionner deux articles qui, sur les spirales, m'ont inspiré : celui de Chiara Collamati, « Du cercle à la spirale. Totalité ouverte et structures du temps historique » (in Études sartriennes, *n° 23, 2019, p. 41-62) et celui de Tania et Michael Zimmermann, « La spirale, forme de pensée de la création » (en ligne sur* www.items.ens.fr*).*

Table

I

Avoir le temps

Manquer de temps 13
L'étrange dépossession 15
Un problème de qualité 19
Les giga-sabliers existentiels 23
Zigzags de l'esprit 26
Un rythme à soi 28
Organiser le temps 33
Fusionner le linéaire et le cyclique : la spirale 37
Nos vies en courbes 41
Destin, Progrès, Hypertemps, Délai et Occasion 44

II

Diachronie

Destin 51

Chronocrator, le Destin 51
Face à une coquille 55
La patience 61

Progrès 67

Le progrès, quelque part dans l'inachevé 67
L'avenir nous appartient 71
L'invention du ressort à spirale 73
De l'heure dorée à l'or des montres 76
Mesurer le temps, connaître le monde 80
Métier ou travail ? 82
Acheter le temps 85
Sublimons ! 88
La spirale penchée de Tatlin 90
La double hélice du progrès utile et subtil 94

Hypertemps 99

Omniprésence du temps 99
Présentifier 103
L'écran, ou le présent numérisé 107
Logiciel et logistique 109
L'horaire, ou le présent planifié 113
Maintenant = (Choix × Énergie) / Contretemps 116
Le crédit, ou le présent financé 119
La croissance perpétuelle 123
Théorie des ultraforces 130
Les spirales loxodromiques d'Escher 134

Délai 137

La *Spiral Jetty* de Robert Smithson 137
No future : le compte à rebours 140
Apocalypse de Patmos à Paris 143
Le temps d'un virus : histoire d'un basculement 147
La planète-vers-la-mort ?
Interrogations néo-heideggériennes 149
L'« afuturalgie », crime contre la jeunesse 152

Table

III

Synchronie

Penser en 4D 161

Extension du *non finito* 161
Nous, les anachroniques 167
Ici ralentir, là accélérer 173
Chaque chose en son temps : une thérapie 175
La posthistoire comme métissage temporel 181

La métaspirale 187

Fusionner le diachronique et le synchronique 187
Histoire fatale et histoire plurale 190
Quand le progrès repasse 197
L'Occasion 200

REMERCIEMENTS 205

Composition et mise en pages
Nord Compo à Villeneuve-d'Ascq

Achevé d'imprimer chez SoBook le 18-01-2022

Linselles - France

N° impression : 729 376